올바른 컨택과 리크루팅

CONTACT RECRUITING

네트워크 마케팅의 성공적인 컨택과 리크루팅 전략

도서출판 LINE

컨택

컨택의 종류와 방법에 대해서 배워 봅시다.
요령과 주의 사항을 알아두면
컨택에 큰 도움이 됩니다.

컨택(Contact)이란?

네트워크 마케팅 사업의 성공 첫걸음은 컨택입니다. 사업에 입문한 초기 사업자가 가장 많이 고민하는 것도 컨택입니다. 그래서 열심히 강의와 미팅에 참석하여 선배들의 노하우를 얻고 있습니다. 그러나 짧은 사업 경력에 이해도가 낮을 수 있을 겁니다.

리더는 말합니다.

"사람을 만나십시오. 또 만나고 계속 만나십시오."

그들은 컨택이 사업에서 얼마나 중요한지 가치를 알기 때문입니다. 그런데 사업 초기 때는 두려움이 많아 실천이 잘 안되는 것입니다. 이런 분들에게 컨택의 기본 요령을 알려 드리겠습니다. 시작부터 첫 단추가 중요하듯이 행동의 첫 단추인 컨택을 잘 할 수 있게 기본 요령을 숙지한다면 리크루팅에 큰 도움이 될 겁니다.

1) 컨택(Contact)을 위한 성공전략

사업의 시작인 컨택을 위한 성공전략을 세우는 것이 중요합니다.

그래서 다음은 성공전략을 수립하는 기본적인 추가 내용을 알려드리겠습니다.

가. 네트워크 마케팅을 먼저 이해하자.

네트워크 마케팅을 처음 접한 대부분의 사람들은 사업설명회를 통해 사업의 비전을 알게 됩니다. 그때부터 마음속에 숨어있던 열정이 끌어 오르게 됩니다. 사업설명을 듣고 사업을 결정하는 이들은 두 가지 현상을 경험합니다. 많은 주변 사람들에게 이 놀라운 사실을 말하고 싶은 충동과 모두가 나 같이 호의적일 것이라는 순간 착각입니다.

그러나 이 현상은 잠시 스쳐가는 행복한 감정일 경우가 많습니다. 이 행복한 감정과 가슴 벅찬 순간을 계속 유지하기 위해서는 전문지식이 뒷받침되어야 합니다.

컨택을 위해 네트워크 마케팅의 충분한 이해가 필요합니다. 사업설명회를 듣고 가슴 떨리는 현상은 새로운 사실을 알고 난 후의 벅찬 감정입니다. 새롭고 놀라운 사실을 안 것이지, 충분히 이해한 것은 아닙니다. 사업의 확장과 성공을 위해서는 사업에 대한 정확한 지식이 필요합니다. 그것을 무기로 컨택을 한다면 리크루팅 성공 확률이 커집니다.

그럼 네트워크 마케팅의 이해를 돕기 위해 기본 정보를 알려 드리겠습니다. 미국의 한 대학에서 논문으로 발표된 네트워크 마케팅은 미국 자본주의 사회에서 꾸준히 성장해온 유통의 한 방식입니다. 한 국에는 1988년 서울 올림픽을 계기로 서양에서 새로운 문화가 들어 오면서 알려지게 되었습니다.

그 당시 J회사의 변종 네트워크 마케팅으로 말도 많고 탈도 많았 던 사업입니다. 그래서 지금도 그 시대에 살았던 사람들은 건전한 네 트워크 마케팅 회사들까지도 믿지 못 하는 경향이 많습니다. 그 이 유는 아직 그 시대 사람들의 기억들이 자식들에게도 영향을 주고 있 기 때문입니다. 그런 상대의 부정을 극복하고 네트워크 마케팅을 정 확하게 이해시키기 위해서는 어떻게 해야 할까요?

네트워크 마케팅 개념은 너무도 정직하고 투명합니다. 아래 그림 을 통해 이해를 도와드리겠습니다.

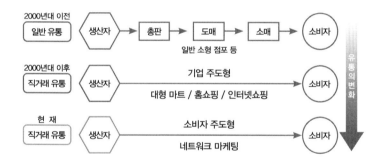

네트워크 마케팅의 취지는 생산자와 소비자 모두가 상생하는 것 입니다. 위의 그림처럼 일반적인 유통방식은 생산자가 중간 유통자 를 통해 소비자에게 제품을 공급하였습니다. 통신과 교통수단이 발

달하지 못 했던 과거에는 많은 판매와 소비를 위해 중간 유통이 필요했고 그 당시에는 이상적인 유통방법이었습니다.

따라서 20세기까지 중간 유통으로 엄청난 부를 축척한 이들도 많았습니다. 그러나 과학기술의 발달로 인터넷이 등장하고 전국이 1일 생활권이 되면서 모두가 선호했던 여러 단계의 유통방식은 존재 이유가 없어지기 시작했습니다.

그 주요 원인은 다음과 같습니다.

첫째, 중간 유통(총판, 도매, 소매)은 생산자에게 마진 대비 몇 배의 높은 유통비를 안겨주었고, 기술의 발달로 대량생산이 가능해지자 공급 과잉은 엄청난 광고비를 지출하게 만들었습니다. 또한 과도한 가격경쟁을 시작됐고, 경쟁에서 이기기 위해 유통비와 광고비 대신 마진을 줄이면서 광고비를 비롯한 다양한 기회비용을 소비자의 몫으로 돌렸습니다. 이런 비정상적인 구조에서 생산자는 중간 유통을 배제하고 직접 소비자를 찾기 시작했습니다.

그 결과, 직거래 마케팅의 시초인 대형할인마트, 인터넷쇼핑몰 등이 출현하게 된 것입니다. 과거 몇 년 전만 해도 누가 TV를 보면서 옷을 사냐며 말도 안 된다고 했지만 이제는 TV 홈쇼핑이 기업들의 중요한 판매 방식이 되었습니다. 과거의 황금기를 누렸던 중간 유통이 조용히 사라지고 있습니다.

둘째, 인터넷 혁명으로 많은 소비자들이 유통의 불편한 진실을 알게 되었습니다. 생산자와 소비자를 연결해주는 편리한 중간 유통이 오히려 제품 가격에 악영향을 주고 있다는 사실을 두 눈으로 확인하게 된 것입니다. 좋은 제품을 더 싼 가격에 사용하고 싶은 소비자의 니즈(Needs)는 대형할인마트, 온라인쇼핑, TV 홈쇼핑의 출현을 환영했습니다.

드디어 생산자와 소비자가 윈윈(Win-Win)하는 시대가 온 것입니다. 직거래 유통방식, 편리한 택배 시스템으로 무장한 생산자는 오랫동안 [갑]의 위치에 있던 중간 유통을 [을]의 자리로 끌어내렸습니다.

요즘은 직거래 유통방식이 대세입니다. 누구나 제값을 주고 사는 것은 바보라고 생각할 정도 입니다. 이런 소비자의 강력한 욕구는 네트워크 마케팅이란 신 유통방식을 받아들이게 됩니다. 대형할인마트, TV 홈쇼핑, 인터넷쇼핑이 기업 주도형 직거래 방식이라면, 네트워크 마케팅은 소비자가 직접 유통에 참여하는 소비자 주도형 직거래 방식입니다.

더 자세히 구분한다면, 일반 기업이 주도하는 대형할인마트, 온라인쇼핑, TV홈쇼핑은 언론매체를 통해 광고를 하며 소비자는 소비자일뿐, 수익은 모두 기업이 가져가는 구조입니다. 소비를 하면 캐시백이 생기는데 이 캐시백은 현금처럼 그들이 정한 장소에서 쇼핑이 가능합니다. 생산자(기업)가 마니아를 만들기 위한 마케팅 방법에 불가합니다. 몇 백만 원을 사용해야 몇 천 원이 적립되는 정도이기 때문입니다. 이런 기업의 의도를 모르는 소비자는 작은 캐시백에도 목숨을 걸고 더 많은 캐시백을 쌓기 위해 가던 곳에서만 소비를 합니다.

이에 반해 네트워크 마케팅은 소비자가 제품을 사용해보고 사용 후기를 주변 사람들에게 입소문을 내면, 제품이 팔려 나갈 때마다 제품 금액의 일정 부분을 캐시백 해 줍니다. 제품이 유통되면 거기서 나오는 수익을 회사(생산자)와 소비자가 나누어 갖는 구조입니다. 광고비와 유통비를 최대한 절약하여 생산자는 제품개발에 투자하고, 소비자는 입소문 대가로 현금 캐시백을 받습니다. 가장 큰 매력은 누구나 노력하면 자신의 소비자 유통망을 가질 수 있고 매출의 일정 부분을 캐시백 받을 수 있다는 것입니다. 또한 네트워크 마케팅을 사업으로 하는 이들은 인생을 바꿀 수 있는 기회를 잡기도 합니다.

예나 지금이나 소비자는 효과 좋은 제품을 더 저렴한 가격에 사용하기를 원합니다. 이런 소비자의 욕구를 완벽하게 수용하는 유통이 네트워크 마케팅입니다. 세계적인 석학들과 미래 경제학자들은 네트워크 마케팅이 시대적 조류라고 말합니다. 대형 서점에는 네트워크 마케팅에 대한 전문 서적들이 즐비합니다. 또한 요즘 학생들은 프로슈머와 네트워크 마케팅을 초등학교에서 배우고 있고 대학 정규과정에도 들어가 있습니다.

이미 네트워크 사업으로 인생을 바꾸는 사람들이 있으니 시간을 갖고 검토한다면 위에서 말한 모든 사실을 확인할 수 있습니다.

당당하게 컨택하고 자신 있게 알리십시오.

나. 네트워크 사업 전개시 기준을 갖자.

네트워크 마케팅 회사 또는 그룹이 진행하는 교육시스템을 통해 자신의 사업 전개 기준을 갖는 것이 중요합니다. 그렇지 않으면 열심히 제품을 팔다가 집으로 가던가, 열심히 강의만 듣다가 집으로 갈 것입니다. 소중한 시간과 돈만 낭비하고 경제적 빈곤으로 힘들어지는 것입니다. 지금 여기서 몇 가지 중요한 기준을 알려 드리겠습니다.

첫째, 세일즈와 마케팅을 정확히 구분해야 합니다. [세일즈]는 제품을 파는 행위입니다. 특히 세일즈맨의 수익이 제일 우선이므로 어떤 물건이라도 많이 판매하는 것에 초점을 맞춥니다. 그래서 소비자의 니즈(Needs)를 파악하고 새로운 소비를 창출하는 것이 매출과 직결됩니다. 그러나 [마케팅]은 제품을 생산자로부터 소비자에게 원활하게 이전하기 위한 기획 활동으로 시장 조사, 상품화 계획, 선전, 판매 촉진 등이 이에 해당합니다. 쉽게 말해서 마케팅은 제품이 팔려나가게 만드는 방법입니다. 세일즈는 마케팅의 아주 작은 부분인 것입니다.

네트워크 마케팅은 제품이 팔려나가는 장치(시스템)를 만들어 평생소득의 유지, 증가를 이끌어낼 수 있습니다. 이것을 이해하지 못하는 많은 사람들이 열심히 제품만 팔다가 집으로 갑니다. 프로 세일즈맨도 네트워크 마케팅을 이해하지 못하면 몇 달을 하다가 돈이 안 된다며 그만둡니다. 네트워크 마케팅은 세일즈가 아니기 때문에 상대방에게 아쉬운 부탁을 할 필요가 없습니다. 상대방과 함께 마케팅을 하여 공동의 수익창출을 하는 것입니다. 당신은 컨택을 통해 그 기회를 상대방에게 주는 것입니다.

둘째, 제품이 아닌 정보를 유통합니다. 네트워크 마케팅은 제품이 유통될 때 소득이 발생되지만 제품 구매는 소비자의 선택입니다. 네트워크 마케팅 사업가는 마케팅을 통해 소비자가 사용하는 제품을 네트워크 마케팅 제품으로 바꿔 쓰게 충분한 정보를 제공하는 것입니다. 그 정보가 소비자들에게 잘 유통되면 그것이 곧 자신의 유통망을 키우는 방법입니다. 소비자들은 제품을 왜 바꿔 사용해야 하는지를 정확히 알면 바꿔 사용하게 됩니다. 그 정보를 주는 것이 네트워크마케팅 사업가의 몫입니다.

컨택시 제품을 바꿔 사용해야 하는 필요성을 알립니다. 그리고 그렇게 해서 상대방이 얻을 수 있는 물질적, 경제적 혜택을 알려줍니다.

셋째, 레버리지 소득을 함께 만들 팀을 구축합니다. 이것은 컨택의 주목적입니다. 그래서 그 사람이 지인이던 모르는 사람이던 상관이 없습니다. 만약 당신이 네트워크 마케팅의 레버리지 소득을 구축하기 위해 유능한 팀을 만든다면 어떤 사람을 컨택할 것인지 상상을 해 보십시오. 분명 자신보다 더 능력 있는 사람을 컨택 할 것입니다. 그렇다면 네트워크 마케팅을 통해 레버리지 소득을 어떻게 창출할 수 있는지를 확인하면 됩니다. 누구나 함께 팀워크를 살리면 시간적 자유와 경제적 성공을 얻을 수 있습니다. 나보다 더 능력있고, 열정적이며, 사업의 안목이 있는 사람을 컨택 하십시오. 컨택시 할 일은 이 거대한 사업의 비전을 상대방과 공유하는 것입니다. 선택은 상대방이 할 것이며 정보의 양과 질에 따라 더 많은 팀을 만들 수 있습니다.

위의 기준은 네트워크 마케팅 사업을 위한 기본적인 기준입니다. 이 외의 제품 전달, 사업자 키우기 등에도 사업 전개 기준이 필요합니다. 기준이 정확할수록 사업은 **빠른 확장**을 할 것입니다.

다. 긍정적인 언어와 단정한 복장을 하자.

나의 한 마디 말이 상대방을 바꿀 수 있습니다. 긍정적인 언어가 상대방의 열정을 끌어올릴 수 있습니다. 깔끔하고 깨끗한 복장은 상대방에게 호감을 줄 수 있습니다. 언어와 복장이 어떻게 보여 지는가에 따라 첫 느낌이 결정되고 그 느낌은 오래가기 때문에 절대 무시할 수 없습니다. 자세한 내용은 여러분과 함께 알아보려고 합니다.

먼저, 언어는 긍정적이고 진심이 담겨있어야 합니다. 본인이 하는 말은 본인의 에너지를 표현합니다. 긍정적인 말은 자신이 긍정적임을 알려줍니다. 누구나 긍정적인 사람을 좋아합니다. 심지어 부정적인 사람도 긍정적인 사람과 함께 하고 싶어 합니다. 따라서 긍정적인 말을 많이 할수록 주변에 사람들이 많이 모입니다.

컨택시 진심이 담긴 말을 합니다. 본인의 진심이 말을 통해 상대방의 마음을 움직일 겁니다. 진심 담긴 한 마디가 신뢰를 얻고 리크루팅 확률을 높입니다. 그리고 깔끔하고 정돈된 옷을 입어야 합니다. 네트워크 마케팅은 거대한 사업입니다. 그리고 거대한 사업을 함께 할 사람들을 컨택하는 일입니다. 말보다도 외모가 처음 보는 사람들에게 평가 기준이 되기 때문에 복장이 중요합니다. 꼭 비싼 명품 옷이 아니어도 좋습니다. 상대방이 볼 때, 깨끗하고 깔끔하면 됩니다. 센스 있게 입는 것도 좋습니다. 누구를 만나는지에 따라 복장을 달리하는 것도 좋습니다. 당신만의 개성을 살리십시오. 정확한 기준은 없지만 남자는 양복과 넥타이가 기본이며, 여자는 투피스 정장이 기본입니다.

라. 팀워크를 활용하자.

컨택의 종류와 도구는 다양합니다. 어떤 일정한 틀에 놓고 정의할 수 없는 부분이 많이 존재합니다. 그래서 컨택을 준비할 때는 반드시 스폰서와 상의를 하고 그룹과 팀워크를 맞추는 것이 중요합니다.

일반적인 사업은 능력, 돈이 중요한 성공요소라면, 네트워크 마케팅 사업은 팀을 활용하면 개인 능력은 중요하지 않습니다. 또한 자본과 투자가 필요 없기 때문에 돈이 없어도 돈을 벌 수 있는 사업입니다. 누구를 컨택하고, 어떻게 컨택하며, 어떤 컨택 결과를 만들 것인지를 스폰서와 사전에 계획하십시오. 컨택의 도구로 어떤 자료를 사용할 것인지를 그룹 미팅에서 벤치마킹(Benchmarking) 하십시오.

사업에 도움이 되는 정보를 서로 공유하는 자리인 그룹 미팅은 당신의 성공적인 컨택에 큰 도움을 줄 것입니다. 미팅에 참석한 스폰서, 형제 라인은 서로의 경험을 나누고 성공사례를 공유할 것입니다. 그룹의 공유 문화는 컨택시에도 중요한 성공 요인이 될 수 있습니다. 예를 들자면, 컨택시 사업 전문가의 도움이 필요할 경우, 스폰서가 가까이 없어도 형제 라인끼리 도움을 주고받을 수 있습니다. 제품으로 컨택을 할 때, 파트너가 나보다 더 전문가라면 기꺼이 도움을 줄 것입니다.

결국 팀워크를 활용하면 성공이 빨라집니다. 스폰서, 파트너 그리고 형제 라인 모두가 성공적인 컨택을 위한 도구이자 조력자입니다. 내가 그들과 함께 기꺼이 팀이 돼야 합니다. 이상으로 기본적인 컨택시 성공전략을 알려드렸습니다. 이 외에도 더 많은 성공 전략이 있을 것입니다. 혹시 더 추가할 내용은 사업 전문가나 스폰서와 상의하면 됩니다.

2) 컨택(Contact)의 종류

컨택은 크게 2종류로나누어집니다. 대상이 누구냐에 따라 웜(지인) 컨택과 콜드(개척) 컨택으로 나누어집니다.

가. 웜(지인) 컨택

강의를 듣고 이 사업의 비전을 알게 되면 가장 먼저 가족이나 가까운 친구, 친척에게 달려갑니다. 이렇게 주변에 알고 있는 사람들을 접촉하는 것이 웜(지인) 컨택입니다. 특히 초기 사업자는 열정적으로 제품과 사업을 설명하고 지인을 설명회에 초대합니다. 그러나 보통 부정적입니다.

"그거 다단계잖아! 아무나 하는 게 아닌데.."

"네가 뭐가 아쉬워서 그런 일을 하니? 다단계 하다 망한 사람 많아."

심지어 친하다는 사람에게 이런 매몰찬 말도 듣게 됩니다.

"너 그거 계속하려면 연락하지 마라!"

이런 말을 자주 듣게 되면 컨택은 쉽게 했지만 그만큼 쉽게 사업을 포기할 수도 있습니다. 컨택하기 전 준비가 필요합니다. 전략이 중요합니다. 컨택의 기초 지식을 습득한다면 그들에게 멋진 사업의 기회를 보여줄 수 있습니다. 지인은 만나기 쉽고 이야기하기 쉽기 때문에 사전 준비만 잘 하면 리크루팅이 잘 되어 빠른 성과를 만들 수 있습니다.

나. 콜드(개척) 컨택

안면이 없는 처음 보는 사람에게 사업과 제품 정보를 알리는 방법입니다. 사업에 대한 이해가 부족하면 사업 시작부터 웜(지인) 시장을 과감히 버리고 콜드(개척) 컨택을 시작합니다. 네트워크 마케팅을 정확히 모르고 세일즈라고 생각하기 때문에 지인들에게 아쉬운 부탁을 하기 싫은 것입니다. 또한 지인들이 자신이 네트워크 사업을 하는 것을 반대할까 봐 미리 겁을 먹고 포기하는 경우도 많습니다. 이런 이유에서 지인보다 더 까다로운 콜드(개척) 컨택을 선택합니다. 엄밀히 말하면 콜드 컨택을 선택하는 것이 아니라 선택할 수밖에 없는 것입니다.

콜드 컨택의 장점은 누구나 자신을 얼마든지 전문가처럼 연출하여 상대방에게 다가갈 수 있고 대상의 제한이 없다는 것입니다. 그러나 지인처럼 컨택할 대상과 신뢰를 쌓고 친해져야 한다는 숙제가 있습니다. 콜드 컨택을 하다 보면 웜 컨택이 얼마나 쉽고 소중한지 알게 됩니다. 그래서 콜드 컨택에 집중하다 자연스럽게 웜 컨택을 하게 되어 컨택양을 늘려가는 것입니다.

웜 컨택과 콜드 컨택은 모두 장·단점이 있습니다. 빠른 성공을 원한다면 두 가지 컨택 방법 모두를 사용하는 것이 좋습니다. 시작은 웜 컨택부터 하는 것이 사업의 효율성을 높일 수 있습니다. 이미 인간관계가 잘 되어 있는 지인은 본인과 사업을 함께 할 확률이 크기 때문입니다. 그런 다음 여유시간을 활용하여 콜드 컨택을 진행합니다. 웜 컨택에서 얻은 자신감이 콜드 컨택에서도 좋은 결과를 만들어 줄 겁니다.

누구나 네트워크 사업을 할 수 있습니다. 내가 웜(지인)을 선택하느냐 콜드(개척)를 선택하느냐는 내가 선택하는 기준일 뿐입니다. 음식을 편식을 하면 건강에 좋지 않듯이 이제는 당신도 네트워크 사업을 하면서 다양한 사람을 컨택할 수 있는 능력을 기르는 것이 성공의 지름길입니다.

컨택 요령과 주의사항

컨택 대상에 맞게 행동 요령이 있습니다. 그리고 주의사항도 그에 맞게 있습니다. 확실한 정답은 없지만 빠른 성공을 위한 기본적인 행동요령을 알려 드립니다.

1) 웜(지인) 컨택 요령

가족, 친구, 친척 등 평소 알고 지내는 사람들이 대상입니다. 그들은 평소에 본인을 잘 알고 있습니다. 그래서 그들이 본인과 함께 사업을 할지, 하지 않을지는 평소 그들에게 보였던 본인의 모습이 중요한 결정 요소일 겁니다. 이럴 경우 정중히 도움을 요청하는 것이 빠른 결과를 만들어내는 방법입니다. 그들이 직접 세미나를 참석해서 판단할 수 있게 하십시오. 거짓말로 세미나에 초대하거나, 제품을 강매하는 방법은 절대 안 됩니다. 가까울수록 믿음과 신뢰로 다가가야 합니다. 컨택 요령을 다음과 같이 정리합니다.

가. 지인에게 자초지종을 설명하고 함께 세미나 참석을 정중히 부탁한다.

"형 내가 잘 아는 (아무개)에게 사업(투잡, 제품) 정보를 들었는데 괜찮을 것 같아. 나보다 형이 더 잘 알 것 같아서 같이 사업설명회를 꼭 들어보고 싶은데... 함께 들어보고 형이 조언을 해 주면 좋겠어."

"아버지 제가 하려는 일은 정직하고 좋은 일입니다. 혹시 믿음이 안 간다면 저와 함께 세미나를 들어보시고 조언해 주세요. 조금이라도 의심이 간다면 다시 한번 신중히 검토해 보겠습니다."

이렇게 정중히 부탁을 합니다. 이럴 경우 신기한 일이 생길 수 있습니다. 만약 신뢰 관계가 좋은 사람이라면 사업설명회에 같이 참가할 것입니다. 자신은 네트워크 사업에 부정적이라도 좋아하는 지인이 잘 못 된 길을 가고 있다는 생각에 정의감이 불타오릅니다.

'내가 좋아하는 (아무개)가 위험하구나.. 직접 가서 구해줘야지'

하는 생각에 설명회에 참석하여 자신이 생각했던 부정적인 면이 해결되면 신뢰가 긍정적인 힘을 발휘합니다. 그렇게 되면 일은 아주 쉽게 풀리는 경우가 많습니다.

나. 지인과 설명회 참석 후 반드시
스폰서(사업전문가)와 Q&A미팅을 한다.

"형 강의도 잘 들었는데 이렇게 왔으니 함께 하는 분들과 인사하고

가자. 커피 한잔 같이 하려고 우리를 기다리고 있어!"

이렇게 운을 떼면 지인은 둘 중에 하나를 선택하게 될 겁니다.

첫째, 의심 가는 부분이 있고 초대한 동생과 신뢰가 잘 되어 있다

면 동생의 체면을 생각해서라도 스폰서와 만남을 원하게 될 겁니다.

둘째, 마지못해 세미나에 참석했다면 다음에 보자 는 말을 하고 그

자리를 떠날 겁니다.

어느 쪽이든 상관없습니다. 이런 초대로 서로의 신뢰 관계를 정확

히 알 수 있는 계기가 된 겁니다. 만약 스폰서와 Q&A미팅을 진행

한다면 초대 전에 *호일러의 법칙을 숙지해야 스폰서와 좋은 팀워

크를 발휘하여 리크루팅에 좋은 결과를 만들 수 있습니다. 미팅 장

소로 가면서 만나게 되는 사업 동료에게 자연스럽게 인사를 하면서

정중히 안내합니다. 미리 준비된 자리에 스폰서와 동석을 하면 모

든 것을 스폰서에게 맡기고 옆에서 본인은 고개를 끄덕이며 긍정적

인 제스처를 합니다.

---

*호일러의 법칙 :
인간관계에서 출발하는 마케팅은 상대방에게 정확한 정보전달이 필수조건이다. 상대방이 내가 전달하고자 하는 정
보에 대하여 어떠한 편견도 없이 정보를 들어 주어야만 소기의 목적을 달성할 수 있다. 그러나 대부분 내가 정보를
전달하려는 사람들은 나의 과거에 대해잘 알고 있기 때문에 갑작스러운 나의 정보전달에 대하여 관심을 갖지 않고
기존의 고정관념에서 벗어나지 못하고 나를 평가한다. 정보전달의 가장 효과적인 방법은 제3자나 전문가가 가장 효
과적이다. 모든 마케팅에서 특히 즐겨 사용되고 있다.

다. 사업 설명을 함께한 지인은 결과에 상관없이 지속적인 관계유지를 한다.

그들은 대부분 사업의 큰 맥락을 보고 갔기 때문에 초대한 사람의 사업 성장에 관심을 갖고 있습니다.

"요즘 시작한 일은 잘 되고 있어?"

"핀은 많이 성장했어?"

가끔 만나거나 통화하면 이렇게 물어볼 겁니다. 그렇다면 바로 이렇게 답을 합니다.

"왜 궁금해? 내가 성공하면 같이 하려고?"

이렇게 응수하면 그 사람의 본 마음을 알게 됩니다. 주변에 자신을 지켜보고 있는 사람이 있다는 것을 알게 되면 사업의 신선한 동기부여가 될 겁니다. 열심히 해서 좋은 결과를 만듭니다. 본인의 성공이 빠를수록 리크루팅은 쉬워질 겁니다. 본인을 지켜보고 있는 사람들에게 공개 선언을 해 봅니다.

"내가 (핀) 목표를 달성하면 우리 함께 합시다!"

당신의 당당한 모습에 그들은 응원을 아끼지 않을 겁니다.

컨택시 주의 사항은 다음과 같습니다.

가. 진실하게 다가간다. 거짓말은 신뢰를 잃는 지름길이다.

가까운 사이일수록 정직해야 합니다. 과거에는 어떻게 해서든 리크루팅을 하기 위해 거짓말을 해서 사업설명회 자리에 앉게 했습니다. 그 당시에는 네트워크 마케팅에 대한 부정적인 인식이 강했기 때문에 불가피한 행동이었습니다. 그래서 후유증이 상당히 컸으며 지금도 그 기억을 갖고 있는 사람들이 많습니다. 신뢰가 중요한 인간관계 사업인 네트워크 마케팅 사업을 시작부터 또한 신뢰를 잃게 만드는 행동 일 수 있습니다. 혹자는 이렇게 말합니다. 선의의 거짓말이라고… 그러나 이제는 바꿔야 합니다. 정직하게 이야기하고 당당하게 초대하십시오. 이제는 네트워크 마케팅에 대해 점점 많은 사람들이 알아가고 있습니다. 자신의 경험(마이 스토리)을 토대로 사업과 제품을 이야기하십시오.

왜 거짓말을 해서 힘든 길을 가려고 합니까? 사실을 그대로 얘기하고 초대에 응하는 그분께 최선을 다 합니다. 그 한 명이 두 명이 되고, 두 명이 네 명이 되고, 네 명이 여덟 명이 될 겁니다.

나. 지인은 봉이 아니다.

네트워크 마케팅은 제품 유통을 해야 수입이 발생됩니다. 그래서 사업 초기 매출을 올리기 위해 가장 가까운 형제, 친구들을 먼저 찾아갑니다. 그리고 강매를 하기 바쁩니다. 가까운 형제, 친구들은 안면이 있기에 한 번쯤은 사줄 수 있습니다. 그러나 네트워크 마케팅을 세일즈로 오해한다면 거기까지입니다. 한 번 사주면 성의를 다 했다고 생각하고 다시는 이런 일로 만나고 싶어 하지 않을 수 있습니다. 이럴 경우 초기 사업자는 부담감에 한 번 판매하는 것에 만족하고 또 다른 지인을 찾아갑니다. 대부분의 초기 사업자는 사업과 제품 지식이 부족한 상태에서 혼자 컨택을 하는 경우가 많기 때문에 원치 않는 결과를 만드는 경우가 많습니다. 제품을 구입한 지인들을 스폰서의 도움을 받아 지속적으로 관리해야 합니다. 본인을 믿고 제품을 구입한 지인들에게 정성을 다한다면 좋은 결과가 만들어질 겁니다. 이런 계기로 소개가 일어나고 사업에도 관심을 갖게 됩니다.

매출이 있는 날은 날아갈 듯이 기쁘다가도 갈 곳 없고 사업을 반대하는 말을 들은 날에는 바로 포기하고 싶은 것이 초기 사업자의 마음입니다. 이런 초기 사업자들에게 지인 한 명 한 명이 정말로 소중합니다. 강매도 신뢰가 있기에 가능합니다. 그 기회를 살려 꾸준히 관리하십시오. 제품력을 느낄 수 있게, 사업의 진실을 알 수 있게 정보를 전달하십시오. 지인에게 감동이 전달될 겁니다. 그 결과로 지인이 본인을 응원하는 소비자 또는 사업자로써 진정한 평생 친구가 될 겁니다. 여기서 얻게 된 자신감은 더 큰 성과와 성장을 만들 겁니다.

2) 콜드(개척) 컨택 요령

지인을 제외한 모르는 사람을 컨택하는 방법입니다. 과거에는 네트워크 마케팅은 지인을 대상으로 제품을 유통하고 사업 정보를 전달하는 것이 당연한 것이었습니다. 모르는 사람을 대상으로 한다는 것은 상상도 할 수 없는 일이었습니다.

그러나 요즘은 사업 초기부터 콜드 컨택을 하는 것이 흔한 일입니다. 과거에 비해 네트워크 마케팅에 대한 사람들의 인식이 좋아졌고 점점 많은 사람들이 네트워크 사업에 동참하면서 경쟁력을 키우기 위한 방법으로 급부상했기 때문입니다.

과거에는 네트워크 마케팅을 시작하는 계기가 사업을 실패했거나 아주 가난한 사람들이 인생역전을 바라고 시작하는 경우가 대부분이었습니다.

인맥이 없던 그들은 항상 컨택이 힘들었습니다. 그 때 누군가 그 한계를 극복하기 위해 거리로 나갑니다. 그리고 컨택 대상을 지인뿐 아니라 모르는 사람들까지 넓히게 된 겁니다. 지인과 모르는 사람들을 동시에 컨택하기 시작하면서 사업의 성공 확률이 높아지자 그 소식이 입소문을 타게 된 겁니다.

콜드 컨택은 전문가가 될수록 쉬워집니다. 전문가는 사업의 본질과 제품에 대한 지식이 풍부합니다.

"콜드 컨택을 하고 싶은데 처음 만나는 사람에게 어떻게 해야 합니까?"

콜드 컨택을 하고는 싶은데 실천이 되지 않는 사람들의 공통된 질문입니다. 이 말의 답이 곧 전문가입니다. 사업 전문가, 제품 전문가 그리고 인간관계 전문가들은 두려움보다는 자신감이 많아 컨택이 수월합니다. 한 항목이라도 우리는 전문가가 되어야 합니다. 본인이 소비자라고 생각해 보십시오. 당신은 전문가를 만나고 싶을 겁니다. 콜드 컨택을 하기 위해 지속적인 강의 참석과 트레이닝을 받아 개인 역량을 강화합니다. 그 속에서 아이디어와 성공 노하우를 배우십시오. 네트워크 마케팅은 제품을 유통하는 것은 기본이고 저절로 유통되게 유통라인을 만드는 것입니다.

전문가들은 이런 본질을 잘 알고 있기에 콜드 컨택도 잘 할 수 있는 겁니다. 콜드 컨택시 요령은 다음과 같습니다.

가. 사업 지식을 포함한 살면서 필요한 다양한 정보를 습득한다.

콜드 컨택은 본인이 모르는 사람과 공통 관심사를 빨리 찾아내는 것이 중요합니다. 어떤 것에 관심이 있고 무엇을 원하는지를 빨리 알아낸다면 그만큼 빨리 친해질 수 있습니다. 처음부터 상대방에게 내가 하는 사업을 소개한다면 거절하거나 나를 알리는 것에 그칠 확률이 크지만 사회 현실, 트렌드 등의 가벼운 소재로 이야기를 시작한다면 그들을 알고 이해할 수 있는 계기가 됩니다.

사업 방법, 제품, 보상을 아는 것은 기본입니다. 여기에 네트워크 마케팅 사업을 해야 하는 사회 현실, 사업의 본질, 인간관계에 대한 지식을 추가하십시오. 아는 정보가 많을수록 대화가 편해지고 친해집니다. 요즘은 정보력이 힘입니다. 정보가 많은 사람은 많은 이에게 도움을 줄 수 있고 많은 사람들이 그와 함께 하고 싶어 합니다.

나. 통계상 콜드 컨택은 시간이 필요하다.

콜드 컨택의 결과는 보통 3개월에서 1년 정도의 시간이 필요합니다. 사람과 상황에 따라 결과가 빨리 나는 경우도 있지만 흔한 일은 아닙니다. 컨택 대상이 지인에 비해 다양하고 많다는 이유로 쉽게 도전을 하지만 그만큼 빨리 포기할 수도 있습니다.

많은 사람을 컨택하고 컨택 횟수와 컨택시간을 충분히 가져야 합니다. 한두 번 컨택해서 결과가 나지 않는다고 실망하거나 포기할 거라면 오히려 그 시간에 웜(지인) 컨택에 집중하는 것이 더 효율적입니다. 더 많고 다양한 대상에 매력을 느낀다면 확률의 법칙을 믿고 노력하고 결과를 기다립니다. 짜투리 시간을 활용하십시오. 시간을 정해 꾸준히 하십시오. 지인을 만나러 이동중 일 때나 약속이 취소될 때 콜드 컨택을 합니다.

다. 1명의 가망 소비자(사업자)를 선정하면 5번 이상을 만난다.

어떤 내용을 갖고 만나느냐보다 얼마나 자주 만나느냐가 중요합니다. 익숙하고 친해지는 시간이 빠를수록 결과가 빨리 납니다. 친해지기 위한 5번의 만남, 서로를 알아가기 위한 5번의 만남이 필요합니다. 혹자는 명함만 들고 3번을 방문했더니 그 행동이 계기가 되어 고객이 되고 사업자로 만들었다고 합니다. 콜드 컨택은 거창하지 않아도 작은 행동으로 시작되어 큰 결과를 만들 수 있습니다.

누구나 이런 결과를 꿈꾸고 있지 않을까요? 하나의 마케팅 연구결과를 살펴보면 조사 대상 중 50% 이상이 4번 이하의 거절 끝에 제품을 구매했다고 합니다. 인간관계를 이해하는 것도 큰 도움이 됩니다. 기본 원리를 알게 되면 두려움도 많이 사라질 겁니다. 평생 이 멋진 사업을 함께 할 마음에 맞는 사람을 찾는다는 목표로 컨택에 집중할 수 있습니다.

'나를 거절하면 복이 없는 거지' 라는 마음으로~

라. 감동을 컨택에 활용한다.

긍정적인 언행, 칭찬, 사랑이 담긴 작은 선물이 상대방을 감동시킬 수 있는 무기입니다.

첫째, 하루가 무료하거나 일과에 지친 이들에게 긍정적인 한 마디는 마음의 문을 열 수 있는 주문입니다. 주문을 반복하고 명확할수록 강력해집니다.

"사장님, 세상은 내가 원하면 다 이루어진다네요. 그것이 부정적
이든 긍정적이든 모두 다 이루어진답니다."

"진정한 부자는 경제적 자유와 선택의 자유를 모두 갖고 있습니다.
우리도 그런 현명한 부자가 될 수 있습니다."

둘째, 과하지 않은 적절한 칭찬을 합니다. 칭찬은 고래도 춤추게
합니다. 함께하는 분위기가 좋아집니다.

"가게가 참 아늑하네요. 손님들이 참 좋아하겠네요."

"인상이 참 좋으세요. 사람을 참 편하게 해 주는 능력이 있으세요."

대화 속에 간간이 나오는 칭찬은 본인을 호감 가는 사람으로 만
들어 줍니다.

셋째, 진심이 담긴 가벼운 선물을 준비합니다. 제철 과일은 가격
도 저렴하여 부담 없이 선물할 수 있습니다. 둘이 오붓하게 마실 수
있는 캔커피나 주스도 좋습니다.

"사장님 바쁘셨죠? 오는 길에 귤이 맛있게 보여 드시면서 잠깐 쉬
시라고 사 왔어요."

"이거 같이 드시고 일하세요. 지나가는 길에 생각나서 사 왔네요."

작은 행동에도 큰 감동을 줄 수 있습니다.

마. FORM 기법을 활용한다.

대화의 기본 방법이 있습니다. 상대방의 니즈(Needs)를 파악하는 빠른 방법을 알려 드립니다. 대화를 할 때 다음과 같은 순서로 물어보는 겁니다. 질문은 긍정적으로 합니다.

① F(Family) : 가족

가족에 대해 이야기를 나눕니다. 가족이 몇 명인지, 건강은 어떤지, 어디에 사는지 등을 물어봅니다.

"저는 이 근처에 사는데요. 사장님 댁은 어디세요?"

"요즘 날씨가 추운데, 가족들은 모두 건강하시죠?"

"제 주변에는 딸이 많던데, 사장님은 자녀가 어떻게 되세요?"

질문에 대해 쉽게 답을 얻을 수 있으려면 물어보고 싶은 질문에 대해 본인의 이야기를 먼저 합니다.

이 질문은 자연스럽게 제품 정보를 알릴 수 있는 기회입니다. 건강과 아름다움에 관심이 없는 사람은 없습니다. 특히 질병에 노출되어 있다면 꼭 기억해 두었다가 다음에 만날 때는 관련 정보에 대해 이야기하고 관련 제품을 제안해 봅니다.

② O(Occupation) : 직업

지금 하고 있는 일에 대해 어떻게 생각하는지 물어 봅니다. 과거에는 어떤 일을 했는지, 지금 하는 일에 대한 만족도는 어떠한지, 앞으로의 계획은 어떤지 등을 물어봅니다.

"사장님, 이 일을 오래 하셨어요? 얼마나 하셨나요?"

"지금 하시는 일은 만족하세요?"

"앞으로도 이 일을 계속하실 계획이시죠?"

이런 질문에 상대방은 할 말이 많을 겁니다. 특히 미래에 대해 무엇을 준비하고 있는지를 잘 파악하고 꿈이 무엇인지를 알아냅니다. 이 내용을 네트워크 사업과 연결해 네트워크 사업을 하게 되면 이룰 수 있는 것들을 알려줍니다. 그중에서 여행은 누구나 하고 싶은 로망일 겁니다.

③ R(Recreation) : 취미

평소 갖고 있는 취미에 대해서 물어봅니다. 언제 쉬는지, 주말에 어떻게 지내는지, 시간이 있으면 무엇을 하는지 등을 물어봅니다.

"저는 가끔 등산을 하는데 사장님은 취미가 있으세요?"

"사장님, 주말엔 뭘 하세요? 요즘 단풍철이라 야외로 많이 나가던데…"

"시간 여유가 있을 때는 어떻게 지내세요?"

아마 대부분 여유가 없이 바쁘게 산다고 말 하게 될 겁니다. 먹고 살기 위해 경제적, 정신적 시간이 모두 없는 겁니다. 시간이 많으면 돈은 벌기 쉽습니다. 시간을 내어 시간을 벌 수 있는 네트워크 마케팅을 이해하기 쉽게 설명해 줍니다. 수입의 사사분면을 알려주고 자신의 현실을 실감할 수 있게 도와줍니다. 모두가 원하는 네트워크 사업의 가장 큰 매력인 '권리 수익(로얄티)'에 대해서 알려줍니다.

④ M(Money) : 돈

사람들이 가장 관심 갖는 것이 돈(경제적 여유)입니다. 경제적 여유는 어떤지, 수입은 얼마나 되는지, 갖고 있는 차는 어떤 종류인지, 하고 싶은 것은 하고 사는지 등을 물어봅니다.

"사장님은 돈 좋아하세요?"

"사장님은 운전하세요? 어떤 차를 좋아하세요?"

"이런 제품은 현금장사라서 자금 회전은 빠르시겠어요"

이렇게 물어보면 본인이 평소에 갖고 있는 돈에 대한 생각과 경제적 상황에 대해서 술술 풀어놓을 겁니다. 돈을 싫어하는 사람은 없습니다. 단지 가질 수 없는 애증의 관계일 뿐입니다. 네트워크 사업을 통해 무한대 수입을 벌 수 있는 가능성을 보여 줍니다.

컨택시 주의 사항은 다음과 같습니다.

가. 컨택을 포기하는 것은 인간관계에 실패하는 것이다.

표현이 너무 과합니까? 그러나 진실입니다. 컨택을 하지 않으면 사업에 진전이 없습니다. 처음부터 많은 사람을 대상으로 컨택하기는 쉽지 않겠지만 한두 명을 컨택하는 것은 작은 용기로도 가능합니다. 포기하지 않고 지속적인 컨택은 좋은 결과를 반드시 가져다줄 겁니다. 내가 포기하지 않으면 시간이 걸릴 뿐이지 누구나 소비자가 되고 사업자가 될 수 있습니다. 드림 메신저 김수영 씨는 TV 프로그램 인터뷰에서 이런 말을 한 적이 있습니다.

"나는 꿈을 끝까지 포기하지 않습니다. 꿈을 이루기 위해 1,000번 이상을 도전합니다. 어떻게 1,000번의 시도도 하지 않고 안 된다고 할 수 있겠습니까?"

꾸준한 컨택과 집중력을 발휘하면 못 할 일이 없음을 시사하는 인터뷰입니다.

"스폰서님이 잊을만하면 찾아오시고 해서 지금 제가 이 자리에 있습니다. 진심으로 감사드립니다. 저를 포기하지 않으셔서 다시 한 번 감사드립니다."

'네트워크 마케팅' 말만 들어도 손사래를 치던 사람이 사업자가 되어 축하받는 자리에서 발표한 감격적인 첫 소감입니다.

아마 이 분을 컨택한 사람이 진정한 드림 메신저가 아니었을까? 만약 이 스폰서가 컨택을 포기했다면 이런 감동적인 순간이 있었을까? 당신도 이런 분의 스폰서가 될 수 있습니다.

나. 많은 사람을 만나야 한다.

세상은 확률의 법칙이 지배합니다. 많은 사람을 만나야 많은 소비자와 사업자를 찾을 수 있습니다. 많은 사람을 컨택해야 자신의 시장을 넓힐 수 있습니다.

당신이 낚시를 하는 낚시꾼이라고 생각해 봅니다. 많은 고기, 큰 고기를 잡으려면 어떻게 하겠습니까? 방법은 하나입니다. 낚싯대를 여러 곳에 설치하는 것입니다. 두 말할 필요 없이 결과는 기대 이상일 겁니다. 낚싯대보다 훨씬 많은 고기들이 있기 때문입니다. 특히 잡은 여러 마리 고기들 중에는 대어(大漁)도 반드시 있을 겁니다. 양에서 질이 나옵니다. 명함이라도 많은 사람에게 전달해 봅니다. 그렇게 양을 늘리는 일을 시작합니다. 그리고 그 가운데에서 인상이 좋고, 친절하며, 긍정적인 사람을 찾아냅니다. 반드시 이 사업을 나와 평생 함께 할 누군가가 기다리고 있을 겁니다.

지금까지 컨택 요령에 대해 알아보았습니다. 앞에서 언급했지만 컨택은 네트워크 마케팅 사업을 성공하기 위한 시작 단계입니다. 물론 사람 관계에는 정답은 없습니다. 확률과 경우의 수가 있을 뿐입니다.

마지막으로 가장 중요한 것을 말씀드리고자 합니다. 그것은 사랑과 신뢰입니다. 상대방에게 전화하고 컨택하고 만나는 것 자체가 상대방에게 관심이 있어야 합니다. 그 관심이 바로 사랑입니다.

지금 바로 사랑하는 사람 또는 사랑하는 자녀를 생각해 보십시오. 어떤 느낌이 드는지요. 애절하거나 행복한 그런 느낌들이 사랑에서 나오는 느낌입니다. 그 느낌을 가지고 연락하고 만나십시오. 분명히 상대방은 그 느낌을 알 겁니다. 그리고 더 호의적으로 다가올 겁니다. 사람들은 관심받고 사랑받기를 원합니다. 그리고 외로움을 가장 견디기 힘들어 합니다.

당신이 컨택하는 사람들은 모두 사랑과 관심이 필요한 존재라고 생각한다면 그리고 앞에서 언급한 스킬을 사용한다면 더 효과적인 리크루팅을 할 수 있을 겁니다.

자신을 사랑할 줄 아는 사람이 타인을 사랑할 수 있습니다. 사랑을 실천은 자신을 먼저 사랑하는 겁니다. 그리고 그 사랑을 타인에게 복제하십시오. 사랑을 복제하면 신뢰로 답하게 될 겁니다. 그 신뢰가 또 사랑을 얻을 겁니다.

컨택을 열심히 하는데 부족한 2%가 있다면
그건 사랑을 채우는 길입니다.

상황에 맞는 컨택 방법

리크루팅에 이용할 수 있는 컨텐츠입니다.

상대방의 니즈(Needs)와 상황에 맞게 활용할
수 있는 정보를 담았습니다,

당신의 인생은 아직 시작입니다!

당신의 나이는 몇 살입니까? 아래 그래프에서 자신의 나이를 찾아보세요.

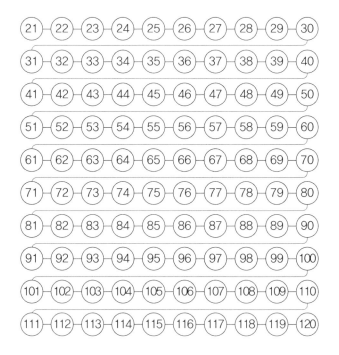

당신은 몇 살까지 살 것 같습니까? 한국인의 기대 수명은 2015년 현재 남성이 78.5세, 여성이 85.1세로 세계적인 초고령 사회로 접어

들고 있습니다. 과학이 발달하여 의료기술이 좋아졌고, 이미 보험회사는 100세 보험을 판매하고 있습니다.

세상은 기술의 발달로 고용 없는 성장을 하고 있으며 사람이 하는 일을 기계가 하기 시작하여 많은 직업들이 사라지고 있습니다. 많은 사람들이 살아온 날보다 살아갈 날이 더 많이 남은 지금! 더 많은 날들을 위해 지금 준비하지 않으면 경제적 은퇴 후 끔찍한 노후를 보내야 할지도 모릅니다. 선택하며 살아온 시간보다 앞으로 선택하며 살아갈 시간들이 더 많이 남아 있는 겁니다.

"아직도 살아갈 날이 많은 당신은
어떻게 살고 싶습니까?"

일반인의 평균 경제적 은퇴시기는 60~65세입니다. 그러나 그 이후에도 생계를 위해 일을 하는 사람들이 늘고 있습니다. 한번 사는 인생인데 먹고살기 위해, 마지못해 살고 싶습니까? 이렇게 살면서 남들도 별반 차이 없다고 위안을 삼을 겁니까?

자 이제부터 남은 인생을 시간적, 경제적 자유를 누리며 살 수 있는 방법을 알려 드리겠습니다. 집중하시고 잘 들어보십시오. 당신에게 알려드리는 네트워크 사업은 합법적으로 유지 및 증가되는 수입을 벌 수 있으며 어느 정도 성과를 낸다면 시간적인 여유도 아주 많이 가질 수 있는 매력적인 사업입니다.

당신의 노후는 행복합니까?

다음은 일반인의 인생그래프입니다.

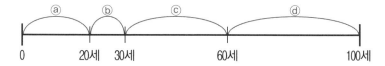

ⓐ 성장기 : 학생으로 경제력이 없는 시기, 부모가 살아주는 인생

ⓑ 자립기 : 경제적 독립 시기, 연애, 자동차, 여행 등에 지출

ⓒ 결혼 적령기 : 결혼을 하고 가정을 이루어 자녀를 키우는 시기, 생활비,
　　　　　　　자녀교육비, 경조사비, 부모님 생활비 등에 지출

ⓓ 은퇴 후 시기 : 수입이 없거나 줄고, 건강을 염려하는 시기, 기초 생활비,
　　　　　　　병원비, 경조사비 등에 지출

현재 당신의 나이는 몇 살입니까? 어떻게 지출을 하고 있습니까?
은퇴 준비는 잘 하고 있습니까?

30년을 벌어 40년 이상을 살아야 한다면 지금부터 어떻게 준비해
야 할까요? 한 명의 자녀를 대학교까지 보내는데 드는 돈이 2억 이
상이라고 합니다. 두 부부가 노후에 필요한 자금이 최소 6억이라고
합니다. 노후를 준비하려면 50만 원씩 100년을 모아야 하는 엄청난
금액입니다. 평생 아껴서 저축만 하고 살다가 무덤으로 들어가야 합

니다. 그래서 사람들은 노후 준비 잘 하고 있습니까? 라는 물음에 얼버무리고 맙니다.

지금도 노후 준비는커녕 자녀라도 잘 키우기 위해 자녀 교육에 올인을 하고 있거나 여기저기 돈을 끌어모아 레드오션인 부동산에 투자하고 있거나 그것도 힘들면 일확천금을 꿈꾸며 매주 로또를 삽니다. 그나마 직장인들은 국민연금을 넣고 있기에 가슴을 쓸어내립니다. 탈출구가 없는 세상살이에 일반인들은 국민연금에 기대어 살고 있습니다. 그러나 이제 나라에서도 국민들에게 지급하는 연금을 걱정하고 있습니다. 국민연금은 현 제도론 2053년에 고갈이 된다는 신문 기사가 있습니다. 현재 20대가 59세가 되면 받고 싶어도 받을 것이 없는 것입니다. 시급한 개정이 필요합니다. 이런 현실로 더 많은 은퇴 자금을 만들기 위해 일반인들은 민간 연금이나 증권에 투자하고 있습니다. 그러나 아직도 일반 상식에 생각들이 머물러 있습니다.

'조금이라도 일찍, 열심히 저축해 노후에 쪼개서 알차게 쓰자'

이런 생각에 정신 차려 열심히 모으는 것도 감사한 일이지만 결코 만족할 수 없습니다.

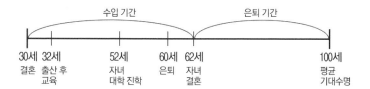

보기만 해도 아찔한 인생입니다. 미래를 준비하지 않으면 이 그래 프가 곧 당신의 인생 그래프가 될 겁니다. 더 열심히 일해서 더 많이 모아야지 라는 일반인들의 생각은 정확히 빗나가고 있습니다. 전문 가들도 이런 생각을 바꿔야 한다고 조언합니다. 현명하게 준비하여 노후에도 꾸준히 들어오는 수입처를 만들어야 한다고 조언합니다.

이제부터 당신의 생각을 멋지게 전환시켜 줄
네트워크 마케팅을 알아봐야 합니다

프로슈머(Prosumer)는 현명한 소비자입니다.

지금까지 현명한 소비는 돈을 잘 쓰는 것이었습니다. 세제를 사러 마트에 간 A 씨는 생필품 코너에서 이런 문구를 보고 기뻐합니다.

"○○세제 1+1 특가 세일, 단 3일 동안!"

A 씨는 ○○세제를 카트에 넣으면서 마트에 정말 잘 왔다고 생각합니다.

20세기에는 이런 소비를 현명한 소비라며 즐거워했을 겁니다. 그러나 지금 21세기에는 현명한 소비가 아닙니다. 왜 그럴까요?마트에 가서 싼 금액으로 세제를 산 A 씨, 그는 돈을 소비했을 뿐입니다. 만약 A 씨가 프로슈머를 알았다면 정말 현명한 소비를 했을 겁니다.

"생산자(Producer)와 소비자(Consumer)의 합성어!"

"돈을 쓰면서 돈을 버는 소비자"

이것이 프로슈머의 정의입니다. 프로슈머란 용어는 세계적인 미래학자인 엘빈 토플러가 제3의 물결에서 처음 언급했습니다. 소비자가 소비는 물론 제품개발부터 유통과정까지 직접 참여하는 생산적 소비자로 거듭나는 의미입니다.

소비자가 직접 상품 개발 방향을 요구하며 아이디어를 제안하고 기업이 이를 수용해 신제품을 개발하는 것으로 고객만족을 최대화시키는 전략입니다. 일반적으로 요즘 기업들은 핸드폰 체험단, 화장품 프로슈머 그룹 등을 도입하여 소비자의 의견을 적극 반영하고 제품을 개선하여 매출을 극대화 합니다. 그 댓가로 소비자들에게 제품이나 현금화 할 수 있는 상품권, 무료 이용권을 줍니다. 디지털 시대인 요즘은 프로슈머들과 윈윈(Win-Win)하는 기업들이 늘어나고 있습니다.

대표적인 회사가 네트워크 마케팅 회사입니다. 네트워크 마케팅 회사는 제품 생산에 프로슈머의 의견을 적극 반영하고 유통까지 직접 프로슈머가 할 수 있게 합니다.

프로슈머는 네트워크 마케팅 회사의 제품을 사용해 보고 생산자와 소비자가 직거래 할 수 있게 정보 전달(입소문) 역할을 하여 매출을 극대화하는데 일조 합니다. 입소문을 낸 만큼 그 대가로 회사는 현금으로 캐시백을 해 줍니다.

프로슈머는 제품을 사용하면서 함께 사용하는 사람들을 모집하여 소비자 유통망을 만듭니다. 그리고 발생하는 매출에 대해 일정 부분을 현금으로 캐시백 받는 겁니다. 매달 제품을 사용하고, 많은 사람이 재구매 할수록 수입은 증가합니다.

당신도 이제 현명한 소비로 돈을 벌 수 있습니다.

이제 네트워크 마케팅이 트렌드 입니다.

	1950년대	1960년대	1970년대	1980년대	1990년대	2000년대
미국	슈퍼마켓	백화점 프랜차이즈	할인마트	홈쇼핑 다단계판매 네트워크 마케팅	→	→
일본	재래시장	슈퍼마켓	백화점 프랜차이즈	할인마트	홈쇼핑 다단계판매 네트워크 마케팅	→
한국	재래시장	재래시장	슈퍼마켓	백화점 프랜차이즈 다단계(변종)	할인마트 다단계(불법) 다단계(합법) 1996년	홈쇼핑 다단계판매 (성장) 네트워크 마케팅(발전)

유통은 변화하고 있습니다. 네트워크 마케팅은 유통의 변화에 부응하는 신유통입니다. 유통의 역사를 보면 돈의 흐름을 알 수 있습니다. 유통의 흐름은 세계 최고의 경제대국인 미국을 보면 알 수 있습니다. 일본은 미국을 닮아가고 우리나라는 미국과 일본의 경제 모델을 닮아가고 있습니다. 위의 표를 보면 10년 간격으로 미국 유통을 따라가고 있음을 알 수 있습니다. 미국은 1980년대, 일본은 1990년대 네트워크 마케팅이 유통 트렌드였습니다. 그 다음 2000년대에 우리나라에 합법적인 다단계 판매와 네트워크 마케팅이 시작되

었습니다.

그러나 유독 우리나라에서 네트워크 마케팅에 대한 국민적인 반감이 있습니다. 1988년 88올림픽 유치 붐을 타고 선진국의 새로운 산업들이 대거 한국 시장에 들어왔습니다. 그 틈을 타고 다단계 판매가 들어오게 되었는데 성숙되지 않은 환경 탓에 피라미드 사기 판매로 전락해 버렸기 때문입니다.

그들은 네트워크 마케팅을 사칭하며 안 좋은 전례를 남겼고 그때 피해를 보거나 피해를 보거나 피해를 당한 가족들에 의해 건전한 네트워크 회사가 피해를 보고 있는 것입니다. 아직도 한국에서는 네트워크 마케팅 말만 들어도 치를 떠는 사람들이 많습니다. 네트워크 마케팅을 이야기하면 다단계 판매와 같은 것으로 보는 사람이 대다수입니다. 그러나 세계적인 석학과 경제학자들은 네트워크 마케팅 시대가 오고 있다고 말합니다.

한국에서 유명한 미래 경제학 박사인 이영권 교수님은 다음과 같이 말씀하셨습니다.

"한국도 반드시 선진국으로 진입합니다. 선진국이 되면 국민소득이 올라가고 생활의 질이 향상될 겁니다. 과학기술의 발달로 고령화가 가속화되고, 중산층의 몰락으로 빈부의 차가 심해집니다. 상대적 빈곤감이 심해지고 일자리에 많은 변화가 생길 겁니다. 돈 없이, 사이드잡, 더블잡으로, 평생 직업으로 지속적인 소득을 벌 수 있는 네트워크 마케팅이 하나의 대안입니다."

이미 삼성과 엘지 같은 대기업에서도 바쁘게 물밑 작업을 하고 있습니다. 사업의 업종 변경에 다단계 판매를 추가했으며 네트워크 마케팅 회사들과 손을 잡기 시작했습니다. 이제 개인이 유통사업으로 설자리가 없어지고 있습니다.

대기업만 살아남는 경제, 사회에서
네트워크 마케팅은 개인이 부자 될 수 있는
새로운 기회를 줍니다.

부자들의 권리를 아십니까?

부자들은 끼리끼리 잘 삽니다. 부자들이 잘 사는 이유는 일반인이 갖지 못하는 것을 갖고 있기 때문입니다. 그것이 바로 네트워크입니다. 인맥 네트워크가 잘 되어 있고 그 네트워크를 통해 경제적, 시간적 자유를 누리고 있습니다. 따라서 그들이 누리는 권리가 있습니다.

"추가적 수입"
"재정적 안정"
"자영사업"
"보다 많은 시간 여유"
"개인적 발전"
"다른 사람을 도움"
"새로운 만남"
"은퇴"
"유산 상속"

위의 9가지 항목은 부자들이 누리는 권리입니다. 당신은 1~2개의 항목을 누리기 위해 평생을 노력하지만 삼성의 이건희 회장 은 모든 항목을 누리고 있습니다. 당신의 자녀가 모든 항목을 누릴 수 있길 바라지만 삼성 이건희 회장의 자녀는 이미 모든 항목을 누리고 있습니다. 당신도 이건희 회장처럼 모든 항목을 누릴 수 있는 방법이 있다면 알아보시겠습니까?

바로 네트워크 마케팅을 하는 겁니다. 네트워크 마케팅을 성공하면 위의 9가지 항목을 다 누릴 수 있습니다. 네트워크 마케팅은 추가적 수입을 벌기 위해 투잡으로 시작하여 점차 재정적 안정을 찾아가는 자영 사업입니다. 사업 과정에서 개인적 발전이 되고 사람들을 성공할 수 있게 돕습니다.

그렇게 창출된 권리 수입(로얄티)으로 경제적 은퇴를 하고 보다 많은 시간 여유를 통해 갖고 있는 꿈을 이룹니다. 열심히 집중해서 만든 권리 소득은 자녀들에게 상속까지 됩니다.

**21세기의 많은 신흥 부자들은
네트워크 마케팅을 통해 배출되고 있습니다.**

당신은 어떤 수입을 벌고 있습니까?

전 세계 경제를 통틀어 돈을 버는 방법을 4가지로 압축할 수 있습니다. 그 방법은 열심히 돈만 버느냐? 아니면 영리하게 돈과 시간까지 버느냐?로 나누어집니다. 당신에게 돈을 벌어주는 시스템은 어떤 것입니까? 그 해답을 로버트 기요사키는 '부자 아빠, 가난한 아빠'라는 책을 통해 명쾌하게 보여주고 있습니다.

우리 나라를 포함한 전 세계 인구의 80%는 직장인과 자영업으로 돈을 벌고 있습니다. 자신이 직접 일을 해서 시간과 돈을 맞바꾸는 노동형 수입자입니다. 나머지 20%는 돈 버는 시스템 을 갖고 있는 시스템형 수입자입니다. 말 그대로 지속적인 수입이 나오는 시스템을 구축한 것입니다. 지금 당신은 어떤 일을 해서 돈을 벌고 있습니까? 또 앞으로 어떻게 돈을 벌고 싶습니까? 혹자는 지속적인 수입이 발생되길 원하기 때문에 부동산 투자, 증권 투자 등을 하고 있습니다. 좀 더 용감한 사람들은 큰 사업가를 꿈꾸며 창업을 합니다. 그러나 요즘 같은 힘든 현실에서는 성공하는 것이 극히 드문 것이 사실입니다. 로버트 기요사키는 그 해답을 '부자아빠, 가난한 아빠'라는 책을 통해 제시하고 있습니다.

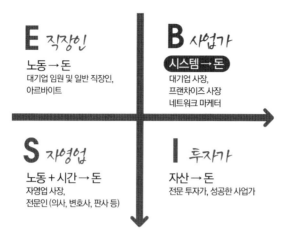

E 직장인

노동 → 돈
대기업 임원 및 일반 직장인,
아르바이트

B 사업가

시스템 → 돈
대기업 사장,
프랜차이즈 사장
네트워크 마케터

S 자영업

노동 + 시간 → 돈
자영업 사장,
전문인 (의사, 변호사, 판사 등)

I 투자가

자산 → 돈
전문 투자가, 성공한 사업가

지속적인 수입으로 부자가 되려면 E와 S 사분면의 사람들은 B사분면으로 빨리 넘어 와서 자산을 만들어 I 사분면으로 이동하라고 합니다. 하지만 그와는 달리 E와 S사분면의 사람들이 상황 파악을 못하고 I사분면으로 바로 넘어가려다가 낭패를 보는 일이 많다고 합니다. 그렇다면 어떻게 B사분면으로 이동할 수 있을까요? 로버트 기요사키는 그 방법 중에 하나를 네트워크 마케팅 사업 이라고 말합니다. 네트워크 마케팅 회사가 제공하는 팀과 시스템을 통해 개인 누구라도 지속적인 수입 창출이 가능하다고 합니다. 당신의 꿈과 미래를 위해 지금부터 부업이나 투잡으로 네트워크 사업을 자세히 알아보십시오. 나의 능력과 몸만 믿고 있기엔 우리의 현실은 너무도 가혹합니다.

**세계적으로 검증된 네트워크 마케팅 회사의
사업 플랜을 검토해 보십시오.
당신도 로열티를 받는 사업가가 될 수 있습니다.**

네트워크 마케팅 회사 선택 방법

네트워크 사업을 하려고 하십니까? 그렇다면 어떤 회사를 골라야 할까요? 현명한 선택을 할 수 있게 몇 가지 참고할 내용을 알려 드립니다.

1) 회 사

세계적으로 검증된 회사여야 합니다. 설립된 지 5년 이상 된 회사를 선택하는 것이 좋습니다. 회사는 절대 망하면 안 됩니다. 본인의 유통망을 열심히 만들어 지속적으로 발생하는 로열티 소득을 만들었는데 회사가 사라진다면 모든 것이 신기루처럼 사라져 버릴 겁니다. 토양이 비옥해야 식물이 잘 자라듯 당신의 성공을 위해 회사의 안전성이 아주 중요합니다.

2) 제 품

제품은 생활 필수품이어야 합니다. 생활용품은 사용 주기가 짧고 재구매가 잘 이루어지기 때문에 네트워크 제품으로 안성맞춤입니다. 그리고 효과가 뛰어난 독창적인 제품 이어야 합니다. 네트워크 마케팅 회사는 철저한 입소문 마케팅을 하며 광고를 하지 않기 때문에 제품력이 탁월해야 하며 아무 데서나 구입할 수 있는 제품이면 안 됩니다.

3) 보상

실현 가능한 타당성이 있는 보상 플랜이어야 합니다. 소비자와 사업자 모두가 공정한 보상을 받아야 합니다

위의 세 가지 조건을 모두 만족하는 회사가 당신이 선택할 회사입니다. 네트워크 마케팅 회사의 제품은 좋은 것이 기본입니다. 너무 제품에 편중해서 판단을 한다면 낭패를 볼 수 있습니다. 다시 말씀드리지만 회사, 제품, 보상이 모두 골고루 균형이 잡힌 회사를 반드시 선택하시기 바랍니다.

대상에 맞는 컨택 방법

다양한 사람들을 리크루팅 할 수 있습니다.
대상에 맞게 리크루팅 예시를 재미있는
이야기로 들려 드립니다.

초기 사업자 나행복 씨의 하루

따뜻한 햇살이 커튼 사이로 스며들자 나행복 씨는 눈을 뜹니다. 오늘은 알람이 울리기도 전에 눈이 떠집니다. 예전과 다르게 나행복 씨는 눈을 뜨자 행복한 감사함이 온몸에 가득함을 느낍니다. 머리가 맑고 온몸이 개운합니다. 10년 차 베테랑 가정주부인 나행복 씨는 바로 일어나 주방으로 갑니다. 미온수 두 잔을 마시며 온몸의 세포에 상쾌함을 보냅니다. 입에서는 콧노래가 절로 나옵니다. 오늘 아침에는 된장국을 만들어 가족들과 맛있게 먹으려고 부지런히 움직입니다. 밥 냄새가 맛있게 나고 가스렌지 위에는 된장국이 구수하게 끓고 있습니다.

"여보, 오늘은 기분이 좋은가 봐!"

"엄마, 안녕히 주무셨어요? 좋은 아침이에요."

나행복 씨의 즐거운 기분이 전해진 듯 남편과 아이가 웃는 얼굴로 아침 인사를 합니다.

"사랑하는 우리 남편과 공주님. 오늘도 빨리 출근 준비하세요."

"맛있는 된장국 곧 대령합니다."

나행복 씨에게는 가족과 함께 하는 아침식사가 하루의 큰 원동력인 줄 오늘 새삼 알게 됩니다. 가족이 함께 감사하는 마음으로 아침 식사를 맛있게 먹고 각자의 일터로 향합니다. 남편과 아이를 잘 보내고 난 후 나행복 씨는 부지런히 출근 준비를 합니다. 기분을 좋게 해주는 음악을 들으면서 오랜만에 옷도 고르고 화장도 합니다. 몇 달 전까지만 해도 느껴보지 못 했던 이 기분이 정말 좋은 나행복 씨! 문득 지난 주 네트워크 사업 설명회에 참석한 것이 떠오릅니다. 젊은 성공자의 감동적인 강의였습니다. 한 마디 한 마디가 주옥같았고 가슴에 와 닿는 진솔한 강의였습니다.

그때 나행복 씨는 결단했습니다.

'그래 결심했어. 네트워크 사업으로 내 꿈을 이룰 거야!'

그날의 강의는 나행복 씨에게는 인생을 바꿀 수 있는 계기를 만들어 주었습니다.

그 때의 감동이 지금도 나행복 씨의 가슴을 울리고 있는 것입니다. 오늘부터 본격적으로 시스템 참석과 사업활동을 하기로 스폰서와 약속을 했습니다.

그룹 사무실에 일찍 출근해서 스폰서 사장님과 간단한 티타임을 하고 오전 제품 강의를 듣습니다. 정시에 앞자리에 앉아 열심히 필기를 합니다. 강사와 눈빛을 마주치면서 강의에 온전히 집중합니다. 강의를 다 듣고 스폰서와 함께 식사를 하면서 오전 강의에 대해 느낀 점을 공유합니다. 오늘 전화와 컨택할 사람들도 정리합니다. 순간순간 두려움이 생기지만 스폰서 사장님의 격려가 큰 힘이 됩니다.

"행복 사장님, 지금 사장님이 어떤 기분인지 또 어떤 느낌을 갖고 있는지 잘 압니다. 그러나 기억해 주세요. 항상 사장님의 성공을 기원하는 저와 우리 팀이 있습니다. 오늘의 행동이 반드시 사장님의 꿈을 이루게 해 줄 겁니다. 파이팅입니다!"

이런 말 한 마디가 나행복 씨에게는 큰 힘이 됩니다. 테이크아웃 커피전문점에서 아메리카노 한 잔을 뽑아 사무실에 올라옵니다. 크게 숨을 들이쉬고 전화 컨택 요령에 대해 정리한 노트를 살펴봅니다.

'그래 전화로는 간단히 약속을 잡으면 되는 거야'

미소도 지어보고 목소리를 가다듬어 봅니다. 평소에 가까이 지내던 언니에게 전화를 겁니다. 건너편에서 신호음이 울리니 약간의 두려움이 생기지만 갈등하기도 전에 언니의 목소리가 들립니다.

"여보세요. 행복이니? 반갑네"

너무도 밝은 언니의 목소리입니다. 행복 씨는 마음이 좀 편해집니다.

"네 언니, 잘 지내시죠? 오랜만이에요."

"그래, 어떻게 지내? 집이니?"

"네 언니, 덕분에 잘 지내요. 언니는요?"

행복 씨는 바로 화제를 돌리는 질문을 합니다. 그러자 언니는

"나야 뭐 그럭저럭.. 요즘 사는 게 만만치 않네."

"그러시군요. 언니 저 이번 주에 그쪽에 갈 일이 있는데요. 가는 길에 언니 얼굴 보여 주세요."

"그래 잘 됐네. 오랜만에 얼굴 보고 싶다."

"언니 그때 자세한 이야기해요. 언제 갈까요?"

"그래 행복아. 금요일 저녁 좋겠는데."

"네 그럼 금요일 저녁 7시에 언니 회사 앞으로 가서 전화드릴게요. 잘 지내시고 그때 뵐게요."

"그래 고마워 행복아. 너도~"

행복 씨는 배운대로 이렇게 간단히 약속 1건을 만듭니다. 그리고 추가로 9건의 전화 컨택을 해서 1건의 약속을 더 잡습니다. 출발이 좋은 나행복 씨는 마음속으로 파이팅 을 외칩니다.

그런 다음 나갈 준비를 합니다. 출근 첫날, 스폰서 사장님과 함께 집 근처 콜드 컨택을 나 가기로 약속했기 때문입니다.

"행복 사장님, 준비되셨죠?"

스폰서 사장님이 사무실로 들어옵니다.

"네, 사장님! 오시기 전에 전화 10콜을 해서 2개의 약속을 이번 주에 잡았습니다. 진짜 배운대로 하니까 결과가 쉽게 나는데요."

나행복 씨의 목소리에서 자신감이 넘칩니다.

"네 그럴 거예요. 저도 사업 초기에 시스템 교육에 집중하고 그대로 따라 하니까 두려움을 잘 극복했습니다. 오늘 나가는 콜드 컨택도 제가 함께 할 테니 편하게 해 봅시다.”

“감사합니다. 사장님!”

전철을 타고 가면서도 나행복 씨는 스폰서 사장님 옆에 꼭 붙어 앉아 조언을 듣고 적기에 바쁩니다.

“행복 사장님 오늘 콜드의 목적은 안면 익히기입니다. 준비하신 명함과 자료를 주고 나오는데 집중하세요.”

“알겠습니다. 목적이 정확하니 두려움이 사라지는 것 같아요.”

“사람들은 모르는 것에 대한 두려움이 큽니다. 내가 무엇을 해야 할지 알면 그 두려움은 금방 사라지죠. 그리고 의외의 좋은 결과가 나면 그 기분을 이루 말할 수 없습니다.”

사업에 대한 이야기꽃을 피우는 사이에 집 근처 지하철역에 도착합니다.

“행복 사장님, 여기서부터 해 볼까요? 제가 먼저 해 볼께요. 옆에서 편하게 지켜보세요.”

전문가 목소리로 스폰서가 말합니다.

“네 사장님.”

길게 상가들이 시작되는 거리 끝에서 스폰서는 행복 씨를 데리고 꽃가게를 들어갑니다.

“안녕하세요, 사장님. 꽃이 참 예쁘네요”

간단하지만 밝은 미소와 칭찬을 하며 스폰서는 가게 안으로 들어

갑니다. 행복 씨는 어색했지만 스폰서를 놓칠까 바짝 붙어 따라 들어 갑니다.

"네, 누구세요?"

꽃집 주인이 싫지만은 않은 표정으로 물어봅니다.

"네 사장님. ○○회사 아시죠? 저는 ○○회사와 함께 ○○제품을 유통하고 있습니다."

스폰서는 절도 있게 명함을 건넵니다.

"저는 금성장입니다. 혹시 사용하시는 제품을 다 쓰시면 ○○제품으로 바꿔 사용해 보세요. 정말 만족하실 겁니다."

"아... 네... 알겠습니다."

꽃 가게 주인은 멋쩍은 모습으로 대답을 합니다.

"사장님, 좋은 하루 되세요"

스폰서와 행복 씨는 명함과 자료를 건네고 친절한 인사를 한 후 가게를 나옵니다.

"행복 사장님 어떠세요?"

"네, 어려운 건 없네요. 다음 가게는 제가 먼저 들어가 보겠습니다."

"네, 행복 사장님! 두려움이 생기면 사장님이 꼭 이루고 싶은 꿈을 생각하세요. 제가 뒤에 있을 테니 힘내세요."

스폰서는 지금 이 순간 행복 씨에게 큰 용기를 줍니다. 나행복 씨는 한 손에 명함과 자료를 움켜 쥐고 옷가게로 들어갑니다.

"사장님 안녕하세요!"

옷을 정리하고 있는 가게 주인에게 천천히 걸어갑니다. 3미터도 안 되는 짧은 거리지만 이 순간은 100미터는 족히 되는 먼 거리처럼 느껴집니다. 살짝 긴장이 되지만 목적이 확실하기 때문에 어렵게 느끼진 않습니다.

"네 손님, 무슨 옷을 찾으세요?"

주인이 친절히 맞이합니다. 순간 당황한 행복 씨는 칭찬의 멘트를 하지 못하고 바로 명함을 꺼냅니다.

"무슨 일로 오셨죠?"

순간 가게 주인의 목소리가 딱딱해집니다.

"아... 네... 저는 나행복입니다. ○○회사와 함께 ○○제품을 홍보
  하고 있습니다. 혹시 사용하시는 제품을 다 사용하시면 ○○제품
  으로 바꿔 사용하세요. 만족하실 겁니다."

"네 알겠습니다."

가게 주인은 형식상 대답하는 것 같습니다.

"그럼 좋은 하루 되세요"

행복 씨는 급히 그 자리를 빠져나옵니다. 가게 밖에서 기다리던 스폰서는 궁금한 표정으로 어떠했는지 물어봅니다.

"사장님, 처음이라 떨렸죠? 처음인데 어떠셨어요?"

행복 씨는 약간 상기된 표정으로

"들어가는 길이 참 멀더라고요. 그래도 잘 주고 왔네요."

"그래요. 처음이지만 잘 하셨어요. 오늘은 이렇게 밝게 웃으며 명함과 자료 주고 오시면 돼요. 딱 10곳만 해요."

"네, 사장님"

나행복 씨는 스폰서의 칭찬에 더 용기를 냅니다. 그리고 나머지 9곳의 가게를 들어가 명함과 자료를 나누어 줍니다. 그렇게 2시간을 콜드 컨택 한 후 스폰서 사장님과 커피 한 잔을 하며 애프터 미팅을 합니다.

"오늘 시작이 좋았네요. 행복 사장님. 앞으로 더 잘 하실 겁니다."

"사장님이 옆에 계셔서 좋았습니다. 힘도 나고요."

"사람들은 목적이 정확하고 믿는 구석이 있으면 무엇이든 잘 할 수 있습니다. 오늘 행복 사장님처럼요. 이번 달은 오늘 같은 스케줄로 꾸준히 움직여 보세요. 다음 달은 좀 더 알차게 바빠지실 겁니다."

궁금한 눈빛으로 행복 씨가 스폰서에게 바라보며

"알차게요? 사장님 더 자세히 말씀해 주세요."

"행복 사장님께서 월요일부터 토요일까지 한 달은 지속적으로 오전엔 강의와 전화 컨택을, 오후에는 콜드 컨택을 하신다면 약속이 계속 잡히실 겁니다. 그리고 콜드 컨택이 쌓이면 친해지는 분도 생기실 거구요. 그럼 가장 먼저 좋아지는 점이 사장님께서 갈

곳이 많이 질 겁니다. 이렇게 되면 두려움 때문에 집으로 들어가는 일은 없을 거예요. 놀아도 사람들을 만나면서 시간을 보내는 겁니다."

행복 씨는 이제야 알겠다는 표정으로 밝게 웃으며

"그렇군요, 사장님!"

"네 그러면 친해지면서 제품이나 사업정보를 이야기할 시간을 만들 수 있을 겁니다."

"진짜 그럴까요? 저도 그렇게 되고 싶어요."

스폰서는 강한 눈빛으로 행복 씨의 눈을 바라보며

"행복 사장님 믿으세요. 저도 그렇게 해서 이런 성공을 맛보고 있습니다. 제가 한 달 동안 시간을 정해서 사장님과 함께 할게요."

"감사합니다. 스폰서 사장님"

"행복 사장님 초기에는 교육받으신대로 하시면 쉽습니다. 숙달만 된다면 그 다음에는 알아서 잘 하실 겁니다."

"네 알겠습니다."

시간 가는 줄 모르고 스폰서 사장님과 미팅에 집중하던 행복 씨. 어느덧 집에 귀가할 시간이 되었습니다.

행복 씨는 다른 약속이 있어 헤어지는 스폰서 사장님께 정중히 인사를 하고 가벼운 마음으로 집으로 향합니다. 보람찬 첫 날을 보낸 행복 씨는 개선장군처럼 당당한 걸음으로 마트에 들러 장을 본 후

집에 들어가 저녁 식사를 준비합니다. 행복 씨 마음에는 이미 성공한 그날의 벅찬 감동이 가득합니다. 그리고 자신의 결단이 옳았음을 다시 한 번 확신합니다. 가족들과 오붓한 저녁 식사를 마친 후 나행복 씨는 오늘 한 일들을 떠올리며 스케줄 정리를 합니다. 그리고 내일 할 일들을 미리 점검합니다. 그리고 편안한 잠자리를 청합니다.

　그날 행복 씨는 꿈속에서 자신의 꿈을 이룬 멋진 날들을 미리 만납니다. 잠을 자면서도 밝게 미소 짓는 행복 씨. 그녀의 멋진 미래가 기대됩니다.

한긍정 씨의 전문가 콜드 컨택

새벽부터 강의를 듣기 위한 사람들의 줄이 일찍부터 길게 있습니다. 추운 겨울인데도 강의장 앞 홀의 열기는 대단합니다. 오늘은 전문인 강의가 아침에 있는 날입니다. 흔하지 않은 강의라서 많은 사람들이 앞자리에 앉기 위해 새벽 일찍부터 줄을 서고 있었습니다.

'아~ 대단하네. 나도 늦게 온 게 아닌데...'

이렇게 생각하며 한긍정 씨는 한 자리라도 앞에 앉기 위해 빨리 줄을 섭니다. 얼마 되지 않아 긍정 씨 뒤에도 줄이 길게 늘어섭니다. 한창 열정이 많을 30대 초반의 한긍정 씨. 그는 네트워크 마케팅 1년차 투잡 족입니다. 프리랜서로 헬스 트레이너를 하면서 조금씩 주업을 네트워크 사업으로 전환하고 있습니다.

오늘 강의는 그에게 큰 기대감을 갖게 합니다. 내과 전문의로써 네트워크 마케팅에서 어느 정도 성공의 길을 걷고 있는 나신뢰 의사 선생님은 자신의 분야에서도 인정을 받고 있는 분입니다. 절대 네트워크 사업과 인연이 없을 것 같았던 분이 사업을 시작했고 지금은 성공적으로 잘 진행하고 있다는 것이 긍정 씨에게는 큰 호기심입니다. 그리고 긍정 씨 본인의 확신을 높이는 좋은 계기가 될 거라 생각하고 있습니다. 일찍 나오면서도 손에 잡힌 한 권의 자기 계발서를 읽으며 강의 시간을 기다립니다. 처음에는 책도 참 어색한 도구였지만 이제는 없으면 허전한 친구가 되었습니다.

"자 순서를 지키시고 차례대로 이쪽으로 오셔서 티켓 주시고 들어 가세요."

정말 듣던 중 반가운 목소리입니다. 시끄럽던 홀은 순간 조용해집니다. 사람들은 일제히 티켓을 제출하고 강의장 안으로 들어갑니다. 나 신뢰 선생님의 마이 스토리를 시작으로 강의는 시작됩니다. 청중들은 숨소리도 죽이며 온 시선을 강사에게 집중합니다. 그렇게 강의는 1시간 넘게 진행되었고 청중들의 큰 박수와 함께 잘 마무리되었습니다.

지금까지 1년이 되어 가면서 전문인 컨택을 두려워하던 한긍정 씨는 오늘의 강의가 용기를 주는 계기가 되었습니다.

'그래 사람은 다 똑같지. 하는 일이 다른거지 잘 살고 싶은 마음은 다 똑 같은 거야.'

이렇게 생각을 합니다. 강의장을 나오는데 스폰서 사장님이 뒤따라 나옵니다.

"긍정 사장님, 이 강의 좋지요? 저는 뒤에서 들었어요. 앞에 사장 님 봤는데."

"스폰서 사장님, 언제 오셨어요? 저는 이 강의 들으려고 아침 약속 취소하고 일찍 왔네요."

둘은 언제 봐도 참 다정한 사이입니다.

"긍정 사장님, 지금 바로 이동하세요? 같이 식사하고 나가세요?"

"네 사장님, 그럴게요. 오늘은 날도 추운데 국물 있는 게 좋을 것 같은데요."

"좋지요. 지난주에 갔던 곳 갑시다. 사장님도 마음에 들 겁니다."

둘은 추운 날 씨에 종종걸음을 걸으며 식사 장소로 향합니다. 거뜬히 한 그릇을 뚝딱하고 신속히 사무실에 들어옵니다. 그리고 자료를 정리합니다. 오늘은 예전부터 봐 왔던 사무실 근처 병원을 들러볼 예정입니다. 계속 앞에서 머뭇거리기만 하면서 들어가고 싶은 마음은 굴뚝같았던 병원. 오늘은 꼭 들어가리라 결심을 합니다.

문득 오늘 강사님의 조언이 생각납니다.

"전문가에게 가실 때는 한꺼번에 많은 자료를 갖다 주시면 절대 보지 않습니다. 명료한 자료 하나하나를 여러번 갖다 주세요. 그러다가 딱 눈에 들어오는 것이 있을 겁니다. 그때를 사장님들이 포착하셔야 합니다."

자료에 욕심이 많은 긍정 씨는 여러 장을 복사하다가 멈추고 그중에서 가장 전하고 싶은 내용을 하나 고릅니다. 그리고 다른 자료는 다음을 기약합니다.

날이 추워 나가기 정말 싫은 마음이 굴뚝같았지만 약속들이 있고 그 전에 마음먹은 병원을 들리기 위해 자리를 박차고 나갑니다. 병원을 향하면서도 수 많은 생각이 올라오지만 여러 번 자신을 다독입니다.

'잘 할 수 있어. 내가 어떻게 사업을 시작했는데 이 정도는 별거 아니야.'

병원 앞에서 큰 숨을 들이쉬고 문을 엽니다.

"어서 오세요. 어디가 아프셔서 오셨나요?"

간호사가 웃으면서 친절히 맞이합니다. 긍정 씨는 큰 걸음으로 병원 프런트 앞으로 갑니다.

"원장님을 만나 뵈러 왔는데요. 잠깐 만나 뵐 수 있을까요?"

"어디서 오셨어요? "

간호사는 본분을 다 하겠다는 듯이 이렇게 물어봅니다. 그러자 긍정 씨는 명함을 꺼내 건네 줍니다.

"저는 한긍정이라고 합니다. 헬스 트레이너이면서 ○○회사의 제품을 유통하고 있습니다. ○○제품이 이 병원에 도움이 될 것 같아 잠시 원장님을 만나고 싶습니다."

명함을 한 번 힐긋 보던 간호사는 단호하게 말합니다.

"원장님 진료하고 계신데… 다음에 오시겠어요?"

예상은 했지만 거절을 당하고 순간 머뭇거립니다. 그러다가 바로 자료를 건넵니다.

"그럼 이 자료를 원장님께 전해 주십시오."

"네 알겠습니다. "

멋지게 거절당하고 나온 한긍정 씨는 준비한 것에 비해 너무도 허무하게 된 자신의 상황이 짜증 납니다. 그러면서도 아침에 강사님의 말을 다시 떠올립니다.

'그래 두고 보자고. 계속 가면 언젠가는 만날 수 있을거야.'

이렇게 그날은 아주 짧은 콜드 컨택을 뒤로하고 다른 약속을 위해 발길을 옮겼습니다. 그 후로도 한긍정 씨는 강사의 조언대로 일주일에 한 번씩 그 병원에 들렀습니다. 다음 주에도 그다음 주에도 그리고 그 다다음 주에도 같은 시간에 그 병원 간호사에게 자료를 건넸습니다. 그러나 매번 돌아오는 답은

"네 알겠습니다. 전해 드릴게요"

라는 똑 같은 말이었습니다.

그러던 어느 날, 그날은 여느 때와는 달랐습니다. 강사가 말하는 때가 온 겁니다. 여러 번의 방문에 간호사와 안면을 트게 된 겁니다.

"긍정 씨, 병원은 오후 1시가 식사 시간이고요. 2~4시 사이가 한가합니다. 제가 이번에는 잘 말씀 드려볼 테니 자료 갖고 오셨으면 주시고 가세요."

간호사가 이제야 반응을 보입니다. 지성이면 감천이라고 긍정 씨는 여러 번의 반복적인 행동을 통해 희망의 문을 엽니다.

"감사합니다. 선생님 이거 하나 드리고 갈게요. 이건 드릴 자료이

고 이건 간호사 선생님께 드리는 겁니다.”

긍정 씨는 기다렸다는 듯이 준비한 자료와 맛있는 귤 한 봉지를 간호사에게 건넵니다.

“아.. 네~ 뭐 이런 거까지... 감사히 잘 먹을게요.”

아무리 작은 것이라도 선물은 무시할 수 없는 큰 감동을 전합니다. 긍정 씨는 큰 돈을 들이지 않고도 큰 효과를 낼 수 있는 방법을 시스템에서 배운대로 실천합니다. 그렇게 일주일이 지나서 간호사가 알려준 시간에 다시 방문합니다.

“오셨네요. 잠시만 기다리세요. 의사 선생님께서 만나보시기로 하셨거든요.”

웃으면서 맞이해 주는 간호사는 원장실로 들어갔다가 다시 나오면서

“들어가세요. 긍정 씨”

조금은 떨렸지만 긍정 씨는 정신을 바짝 차렸습니다.

“어서 오세요. 여기 앉으세요”

명함을 보면서

“한긍정 씨?”

“네 원장님. 꼭 만나 뵙고 싶어서 여러 번 왔습니다. 시간 내 주셔서 감사합니다.”

“저하고는 관계가 없는 일 같은데요. 양간호사가 여러 번 왔다고 하던데요. 무슨 일로 저를 만나려고 하셨는지요.”

"네 원장님. 혹시 네트워크 사업에 대해서 들어보셨나요? 저는 건강식품과 스킨케어 제품으로 로열티를 받고 있습니다."

"그게 무슨 뜻이죠?"

원장은 궁금한 표정을 짓습니다.

"네트워크 마케팅으로 유통되는 제품들의 제품력이 뛰어납니다. 의약품 수준은 아니지만 효과가 좋아 환자들도 지속적인 건강관리를 이 제품들로 하고 있습니다. 물론 질병이 생기면 약으로 고치는 것이 순서지만 완치 후 환자들이 건강식품으로 꾸준히 관리를 하고 있습니다. 원장님도 동의하시는지요?"

"네 일리가 있습니다. 그런데요?"

"그래서 전문가들이 건강식품 시장에 눈을 돌리고 있습니다. 그 수익도 만만치 않습니다."

"그렇기는 하지만 저는 진료하기에도 바쁩니다."

"네 그러실 겁니다. 원장님. 그래서 더 안성맞춤이지요?"

긍정 씨의 이런 답에 원장은 더 궁금해집니다.

"원장님의 진료 시장을 건강식품 시장으로 넓히는 겁니다. 그에 맞게 충분한 대가도 지불 받구요."

"어떻게요?"

"제가 알고 있는 원장님은 처음에 네트워크 마케팅에 관심이 없었는데 제품력을 경험하시고 사업을 알아보셨습니다. 직접 제품과 사업 설명회에 참석하셔서 객관적인 자료를 검토하셨습니다. 전문가들은 저 같은 일반인들에 비해 공부를 많이 하셔서 이해도가 빠르시더군요."

"……"

"그래서 지금은 빠른 성공의 길을 가고 있습니다. "

"제가 네트워크 사업을 하게 되면 이득이 있나요?"

"네 역시 핵심을 잘 아시네요. 제가 그 부분에 대해 간략하게 말씀 드리겠습니다. 원장님이 저와 함께 유통망을 만든다면 그 유통망에서 꾸준한 수입이 발생됩니다. 사람들은 부작용이 없고 제품력이 좋은 저희 제품들을 꾸준히 복용하고 있습니다. 그 재구매로 지속적인 로열티 수입이 발생합니다. 이런 유통망을 확장하면 그 수익은 상상 이상일 겁니다. 원장님 생각해 보십시오. 그 수익이 커지면 과연 계속 바쁘게 진료를 하고 있을까요? 그분이 이런 이야기도 하시던데요. 의사가 돈을 많이 벌면 의사 가족들이 그 혜택을 모두 가져간다고 말씀하시더군요."

"음... 그럼 제가 어떻게 해야 합니까?"

기다렸다는 듯이 긍정 씨는 말을 이어 갑니다.

"제가 다음에 성공하고 계시는 전문인을 만나는 자리를 만들겠습니다. 원장님께서 시간을 꼭 내셔서 참석하시면 됩니다. 아마 아 이런 거였어하실 겁니다. 이제 능력보다 정보가 빨라야 살아남는 시대입니다. 원장님께서 정보력만 있으시면 좋은 결과를 만드실 겁니다."

"알겠습니다. 그럼 알려주십시오"

"네, 강의가 잡히면 그전에 다시 알려드리겠습니다. 이렇게 시간
내 주셔서 감사합니다."

긍정 씨는 짧은 대화였지만 정확한 목적이었던 초대를 이끌어냈
습니다.

'전문가는 전문가를 만나게 하라.
그렇지 않으면 계란으로 바위치기다'

강의 때 들었던 말을 잘 실천에 옮긴 긍정 씨는 병원을 나오면서
하늘을 나는 것처럼 기분이 좋아집니다. 그렇게 바라던 전문인 파트
너를 만나는 순간입니다. 이 기쁜 소식을 제일 먼저 스폰서 사장님
께 전화로 알립니다.

"긍정 사장님 축하드립니다. 그 분도 축하드리고요. 강의에 함께 오시
면 제가 최선을 다해 안내하겠습니다. 저도 정말 기쁩니다."

"네 사장님, 감사합니다. 다 사장님께서 도와주신 덕분입니다."

"제가 특별히 한 게 있나요? 사장님께서 열심히 하셔서 결과가 좋
은 겁니다."

"감사합니다. 사장님. 강의 잘 듣고 좋은 자리 만들겠습니다."

"네 사장님 만약 강의 날짜가 많이 남아있으면 하시던대로 일주일

에 한 번씩 병원에 들려 사업 정보를 드리며 병원의 상황 파악을 많이 하십시오. 계속 신뢰 쌓기를 하셔야 오늘 같은 마음이 계속 유지됩니다."

"알겠습니다. 하나 부탁드리고 싶은데요. 혹시 나신뢰 원장님 강의 끝나고 애프터 미팅 가능할까요?"

스폰서는 주저하지 않고 바로 말을 합니다.

"당연하죠. 제가 어떻게 해서든 짧게라도 그런 자리 만들어 보겠습니다."

"감사합니다. 사장님. 좋은 하루 되세요. 저는 다음 약속이 있어서 이만 끊겠습니다."

"긍정 사장님, 파이팅!"

긍정 씨는 전화를 바로 끊고 다음 약속 장소로 향합니다. 오늘을 계기로 또 하나의 중요한 사실을 알게 됩니다.

'반복은 기적을 낳는다.'

긍정 씨는 정말 기막힌 표현이라 생각합니다. 그리고 그동안 여러 번의 허탕이 다 이유가 있었구나 싶은 생각을 합니다. 그렇게 추운 날 씨도 긍정 씨의 불타오르는 열정은 식힐 수 없습니다.

오늘 얻은 또 하나의 자신감은 앞으로의 긍정 씨의 사업에 큰 역할을 하게 될 겁니다.

조아라 씨의 직장인 지인 컨택

7년간 정든 직장을 사직하고 네트워크 사업을 시작한 조아라 씨, 그녀는 지금 3개월 된 초보 네트워커입니다. 성격이 좋고 융화를 잘 해 주변에 사람들이 많습니다. 그러나 그에게는 고민이 있습니다. 그 많은 지인들이 자신이 하는 일을 이해하지 못 할 것 같아 몇 명을 빼고는 대부분의 지인들에게 자신이 하는 일을 숨기고 있는 것입니다.

처음에는 잘 될 것 같던 사업도 갈수록 어렵게만 느껴집니다. 매번 아침에는 잘 해보리라 마음 먹고 출근하지만 오전 강의를 듣고 점심을 먹고 나면 곧 풀이 죽어 집으로 가기 일쑤입니다. 그러던 중 스폰서와 미팅에서 전환점을 갖게 됩니다.

오늘도 예전과 다를 것 없는 하루의 시작입니다. 오전 강의를 듣고 점심을 먹으려는데 오랜만에 성공하신 3대 스폰서 사장님을 만납니다.

"조아라 사장님, 오랜만이에요. 오전 강의 들으셨어요?"

스폰서 사장님이 뒤에서 힘차게 자신의 이름을 부르며 다가옵니다.

"네 사장님 요즘 외국에 계신다는 얘기를 들었는데 언제 오셨어요?"

"나야 뭐 여기저기 잘 다니지. 요즘 미국에 그룹이 커져서 그쪽에 집중을 한다고 좀 바빴지요."

"대단하세요. 정말 부러워요."

"아라 사장님 요즘 사업 잘 되나요?"

뭔가를 안다는 듯한 표정으로 스폰서 사장님이 물어봅니다.

"네... 뭐 그럭 저럭요."

"아라 사장님 야심 차게 회사 사표 내고 전업하셨잖아요. 정말 그 결심 대단합니다. 일반 사람들은 그렇게 하기 쉽지 않은데요."

"아니에요. 사장님. 제가 사업을 너무 쉽게 생각했나 봐요."

"왜요 사장님. 무슨 일 있으세요? 이리지 말고 우리 식사같이 할래요?"

"정말요? 저야 같이 하면 너무 좋죠."

둘은 아담하고 조용한 식당에 자리를 잡습니다. 그리고 이야기는 계속 진행됩니다.

"무엇이 문제가 되죠?"

스폰서는 진지한 눈빛으로 아라 씨를 바라보며 질문을 합니다.

"네... 그게... 사람들 컨택하는 것이 무서워요. 지인들에게 어떻게 접근해야 할지 도무지 방법을 모르겠어요."

"아하~ 저도 사업 초기에 고민을 좀 했는데, 제 이야기를 해 드리면 도움이 될 것 같네요."

"사장님도 그럴 때가 있으셨어요? 전혀 고민이 없었을 것 같은데요."

"그래요? 하기야 지금 함께 하는 분들이 제가 과거에 찌질했다고 말하면 안 믿으실 겁니다. 하하하"

둘은 크게 한번 웃고는 다시 대화에 집중합니다.

"아라 사장님 저도 사업 초기에 누군가에게 이 일을 말하는 것이 정말 힘들었어요. 특히 그 시절에는 네트워크 사업을 피라미드 사기라고까지 말했으니까요. 그래서 내가 지인에게 말하면 모두가 나를 떠날 것 같았지요. 그 두려움이 매일 가슴을 답답하게 하고 갈등하게 했지요."

"맞아요 사장님 제가 요즘 그래요."

"그런데 저도 계기가 있었어요. 제가 잘 한 일이 하나 있는데..."

그 말이 떨어지자마자 무섭게 아라 씨는 물어봅니다.

"그게 뭔데요? 사장님"

"지금 은퇴하신 스폰서 사장님과 함께 움직이는 거였지요. 사장님 사업이 어려울때 스폰서 사장님께 도움을 청하세요?"

"음... 아니요. 열심 사장님께서 바쁘실 것 같아서요..."

"사장님 이 사업에서 스폰서는 파트너의 성공을 도울 때 성공할 수 있어요. 그래서 윈윈(Win-Win) 사업이죠. 아마 열심 사장님도 사장님이 도움을 청하기를 기다리고 있을 겁니다. 열심 사장님께서 여러 가지 좋은 조언을해 주시죠?"

"네 그러세요. 그런데 제가 거기에 못 미치는 것 같아요. 강의를 들으라고 하셔서 열심히 듣고는 있는데 그 외에는 제 마음에 와 닿지 않아서요."

"사장님 사업 초기 때는 스폰서가 안내하는대로 따르는 것이 중요합니다. 사장님이 듣기에는 중요하지 않고 따라하기 싫은 것도 있겠지만 누구나 안 해본 일이기에 당연한 것입니다. 그러나 안내하는대로 따르지 않으면 금방 길을 잃게 됩니다. 그리고 나서 주저앉아 갈등하고 후회하지요."

"그렇군요."

아라 씨는 그 순간 그동안 자신이 한 행동을 돌아보게 됩니다. 스폰서 사장님이 안내한대로 한 일 보다 하지 않은 일이 더 많았던 것을 기억합니다.

"사장님 제가 잘 했던 것은 스폰서 사장님을 모시고 여러 자리를 동행한 겁니다."

"그게 무슨 말이에요? 사장님"

아라 씨는 이해가 되지 않는다는 표정으로 다시 물어봅니다.

"저는 시스템에서 배운대로 지인들과 약속을 잡고 스폰서 사장님과 동행을 했습니다. 그리고 그 자리에서 스폰서 사장님을 최대한 활용했습니다. 아라 사장님은 스폰서 활용에 대해서 들어본 적이 있나요?"

"데몬이나 사업 설명을 부탁하는 거요?"

"네 사업 초기에는 열심히 배워야 합니다. 전문가가 아니기 때문에 그때는 스폰서에게 정중히 부탁해서 빠른 성공을 맛보는 것이 중요합니다. 특히 지인을 컨택할 때 스폰서와 함께 2:1 미팅을 한다면 결과가 빨리 나올 수 있습니다."

"그런데 제가 예전 회사를 다닐 때 보험 하는 친구가 선임 매니저와 함께 왔는데 그때 기억이 안 좋던데요."

"그럴 수도 있겠네요. 그건 사장님의 경험이니까요. 그럼 그 불편함을 이겨내는 방법을 생각해 봅시다."

아라 씨는 그 대화에 속 빨려 들어가는 느낌입니다.

"스폰서와 함께 하는 일 보다 그 사람의 사람됨을 알리고 자랑하는 겁니다. 예를 들자면 만나고 싶은 지인에게 전화 통화할 때 은근히 함께 하는 스폰서를 자랑하는 겁니다. 어떤 사람인지 만나보고 싶게끔 하는 겁니다. 왜 있잖아요. 일반 사람들이 세상의 성공자를 만나고 싶어 하는 이치처럼요."

"아 그거 재미있겠네요."

"네 재미있죠. 꼭 연애하는 기분일겁니다. 사람에게 호기심을 자극하는 것만큼 재미있는 일이 또 어디 있겠어요?"

"사장님 그래서요?"

그렇게 아라 씨는 스폰서를 통해 생각의 전환을 갖게 됩니다. 너무 신이 난 아라 씨는 바로 1대 스폰서 사장님과 오늘 있었던 3대 스폰서 사장님과의 대화를 이야기하고 앞으로 잘 해 보겠다는 생각을 전합니다. 아라 씨는 앞으로 약속을 잡아 스폰서 사장님과 함께 하기로 합니다. 다음날 오후 10통의 전화를 해서 1건의 약속을 잡습니다. 재무 설계 회사에 다니는 함보구 씨는 아라 씨의 중학교 동창입니다. 그 동창과 이번 주 목요일 점심을 같이 하기로 합니다.

"보구야 내가 너희 회사 쪽 가는데 같이 움직이는 분이 있어. 내가
요즘 그분에게 배우는 것이 많은데 너도 만나면 좋은 경험될 거
야. 점심값은 부담갖지 마. 그분 식사는 내가 살게. 잠깐이라도 너
소개해 주고 싶거든..."

마음에 딱 맞는 멘트는 아니었지만 이렇게 말을 하고 전화를 끊었습니다. 드디어 그날입니다. 약속 시간보다 조금 일찍 회사 근처에 도착합니다. 동행한 스폰서가 아라 씨의 마음을 편하게 해 줍니다.

"아라 씨 그냥 하던대로 하세요. 제가 넉살이 좋아 분위기를 잘 맞
춘답니다."

"사장님 잘 부탁드립니다. 저는 보구가 저와 함께 사업설명회를
꼭 한 번 들어봤으면 좋겠어요."

"그래요 우리 그렇게 되게 해 봅시다."

2~3분이 지났을까? 멀리서 보구 씨가 걸어옵니다. 간단히 인사를 하고 식당으로 갑니다. 아라 씨는 보구 씨 옆에 자리를 잡습니다.

"여기가 괜찮을 것 같아서 조용하고 분위기는 좋아, 아라야."

"아 그러네요. 보구 씨"

스폰서가 맞장구를 칩니다.

"보구야 내가 전화로 이야기한 우리 팀 박명학 사장님이셔. 내가 많은 도움을 받고 있지."

"그러시군요. 반갑습니다. 사장님. 그런데 아라야 이쪽은 무슨 일로 왔어?"

"이쪽에 사장님께서 강의가 있어서 나는 함께 따라온 거야. 네가 생각나서 끝나고 사장님께 식사도 대접할 겸 너도 보고 가려고..."

"그래? 넌 요즘 뭐 해?

보구 씨가 아라 씨의 설명이 의아하다는 듯이 물어봅니다.

"나 다니던 회사 그만두고 새로운 일 시작했어. 그래서 지금 사장님께 배우는 중이야."

"무슨 일인데? 월급이 더 많아?"

그때 음식이 나와서 자연스럽게 식사를 합니다. 그 틈을 타서 아라 씨는 말을 돌립니다.

"자 보구야 먼저 먹자. 금강산도 식후경인데"

"그래, 먼저 먹자. 사장님 맛있게 드세요."

"네 보구 씨도요."

식사를 하면서 아라 씨는 FORM 기법에 따라 이런저런 질문을 보구 씨에게 하고 보구 씨는 술술 답을 해 줍니다. 그 옆에서 스폰서는 간간이 함께 분위기를 띄우며 상황 파악을 합니다.

식사를 다 끝내고 이제부터 스폰서가 이야기를 주도하기 시작합니다.

"보구 씨 덕분에 맛있게 먹었습니다. 이렇게 만난 것도 인연인데 제가 좋은 정보 하나 알려 드릴게요."

스폰서는 진지하게 보구 씨의 눈을 쳐다보고 말을 시작합니다.

"보구 씨 저는 오늘 보구 씨처럼 시간적, 경제적 여유를 갖고 싶은 분들을 대상으로 강의를 하고 왔습니다. 보구 씨도 관심이 있으시죠?"

보구 씨는 순간 눈빛이 번뜩이며 집중을 합니다.

"네... 그런데요?"

스폰서는 유통의 흐름에 대해서 그림을 그리며 설명을 합니다. 그리고 다시 보구 씨에게 물어봅니다.

"보구 씨는 혹시 네트워크 마케팅에 대해서 들어보신 적 있으세요?"

"글쎄요. 들어본 것도 같네요."

"제가 알려드리는 방법이 네트워크 마케팅으로 여행도 가고 미래를 준비해서 시간적 여유가 생길 수 있는 방법입니다. 당연히 이 도표처럼 돈도 벌거고요."

이렇게 스폰서는 네트워크 마케팅에 대해 간략하게 설명을 합니다. 최대한 절제를 하며 호기심을 일으킵니다. 보구 씨는 약간의 경계심을 갖다가 이야기가 진행될수록 편안함을 갖습니다.

"보구야 나도 요즘 배우는 중이야. 나는 확신이 있어 전업을 결정했는데, 너는 인생의 대안으로 강의를 같이 들어보자. 이 일을 하던 하지 않던 그건 너의 자유인데 들어보면 선택하기 쉬워질 거야."

"글쎄... 내가 일이 바빠서."

그 말이 나오자마자 스폰서가 입을 엽니다.

"보구 씨, 그 마음 이해합니다. 아마 생소하실 겁니다. 친구도 이해가 잘 안 될 거구요. 누구나 모르는 것에 두려움을 갖기 마련입니다. 그런데 기회는 보구 씨 뒤를 지나갑니다. 그만큼 알아차리기 쉽지 않다는 겁니다. 잘 생각해 보세요.

지금까지 중요한 선택을 할 때 그걸 자신이 미리 알아차리고 준비했는지요.

사람 일은 한치 앞을 모르는데 아마 잘한 선택보다 후회하는 선택이 더 많을 겁니다."

한참 듣고 있던 보구 씨는 좀 수용하는 눈치입니다.

"그건 그렇죠. 한번 생각해 보겠습니다."

"그러세요. 보구 씨 오늘 만나서 반가웠습니다. 제가 다음에 강의가 잡힐 때 초대 하겠습니다."

"그래 보구야. 네가 함께 들어보면 아~ 이거였어? 할 거야."

이렇게 세 사람은 식사를 마치고 헤어집니다.

아라 씨는 맘속 한편으로는 자신이 잘 했나 하는 생각이 듭니다. 그때 스폰서가 말을 겁니다.

"아라 사장님. 이제 한 패를 까 본 겁니다."

"무슨 뜻인가요? 사장님"

스폰서는 아주 편안한 표정으로 자세히 말을 해 줍니다.

"이 일은 화투패와 같습니다. 확률이 존재합니다. 화투 알지요? 화투는 총 48장입니다. 그 안에 광도 있고 피도 있습니다. 화투패 중에서 광이 5장입니다. 일명 5광이라고 하는데 화투패를 깔 때 누구나 광이 빨리 나오기를 기대합니다. 그런데 막상 해 보면 일찍 나 올 때도 있지만 중간중간에 나 올 때도 있고요, 아예 마지막에 한꺼번에 나오는 경우도 있습니다. 그런데 확실한 것은 언젠가는 광이 나온다는 겁니다. 오늘 이 친구를 만난 것을 화투패를 한 장 까 보았다고 생각하시면 마음이 편하실 겁니다."

조금 숨을 돌렸다가 스폰서가 다시 물어봅니다.

"사장님 그래도 확률을 높이고 싶으시죠?"

아라 씨는 당연하다는 듯이 고개를 끄덕입니다.

"그렇다면 오늘 만난 친구에게 정중하고 간곡히 부탁하십시오. 꼭 한 번만 같이 들어보자고. 그럼 언젠가는 올 겁니다. 언젠가를 빨리 앞당기는 것이 사장님이 하실 일입니다."

"과연 그날이 올까요?"

"네 반드시 옵니다. 사장님이 포기하지 않는다면요. 그리고 사장님이 성과를 빨리 낼수록 그 시기는 앞당겨질 겁니다. 일주일에 한 번씩 가볍게 연락하면서 초대에 집중하세요."

돌아오는 차에서 아라 씨는 스폰서의 믿음처럼 꼭 해 보리라 결심합니다. 그래도 아라 씨에게 큰 수확은 처음으로 팀워크를 살려 스폰서와 함께 일을 했다는 성취 감입니다. 정말 든든했고 이렇게 하면 일이 더 쉬워질 거라는 확신이 듭니다.

"아라 사장님, 저와 같이 일하는 것을 후에 파트너가 생기면 그대로 복제하십시오. 그러면 사장님의 사업은 번창하게 될 겁니다. 저도 스폰서 사장님과 시스템에서 배운대로 복제를 하고 있는 겁니다. 그리고 마지막으로 사업적으로 어렵거나 힘들 때 항상 도움을 청하십시오. 이 일은 혼자 하면 망하고 같이 하면 성공이 빠릅니다."

"네 깊이 받아들이겠습니다. 사장님, 오늘 감사합니다."

둘은 이런 의미심장한 대화를 나누고 헤어집니다.

오늘부로 아라 씨는 새로운 사업의 길을 갈 것이 분명합니다.

자신의 방식대로 해도 해도 안 될 때, 포기하고 싶을 때, 미리 그 길을 걸어온 사람들이 함께 있어 행복하다는 것을 실감하는 하루입니다.

지금까지 재미있는 이야기를 통해 컨택의 예를 보여 드렸습니다. 아마 이런 이야기를 통해 느끼는 바가 많을 것으로 생각합니다. 물론 이런 이야기는 상황을 정해 결과에 도달한 허구이지만 모두가 이런 좋은 결과를 바라고 있을 겁니다. 그렇다면 세 가지 이야기의 공통점을 찾아 보십시오. 그러면 좋은 길이 보일 겁니다.

바로 이 사업의 맥인 팀워크를 발휘하는 것입니다. 전화하고 미팅을 잡는 것은 시스템에서 배운대로 하시면 됩니다. 그러나 그다음 만나고 초대하는 과정은 혼자가 아닌 팀으로 움직일 때 더 많은 성과를 낼 수 있습니다. 그 원리를 이해시켜 드리기 위해 재미있는 이야기로 알려드린 것입니다.

네트워크 마케팅 사업은 개인 사업이라고 생각하고 나 혼자 열심히 하시는 분들이 많습니다. 혼자 열심히 한다면 매출은 잘 하게 될 겁니다. 그러나 직급 성장이나 그룹 성장에서는 실패를 할 수 있습니다. 예를 들자면 상품을 파는 세일즈맨들은 혼자 움직입니다. 목적이 제품 판매이기 때문에 많이 팔수록 많은 수당을 받아 갈 수 있기 때문입니다. 그러나 네트워크 마케팅 사업은 세일즈가 아닌 사업입니다. 유통망을 만들고 사업자를 만들고 그룹을 키우는 사업입니다. 그래서 팀워크가 더욱 필요합니다.

　이제 당신이 실천할 차례입니다. 추운 겨울날, 혼자 빨리 갈 수 있지만 멀리 갈 수는 없습니다. 네트워크 마케팅에서는 추운 겨울처럼 힘들 때도 있고, 포기하고 싶을 때도 있습니다. 그럴 때 당신의 성공을 누구보다 바라는 스폰서와 함께 하십시오. 그룹의 방향에 맞춰 움직이십시오. 그렇게 한다면 당신의 성공은 쉽고 빠를 겁니다.

팔로우업

컨택만큼 중요한 것이 팔로우업입니다.
따라서 팔로우업을 잘 할수록 리크루팅
확률이 높아집니다.

팔로우업(Follow-up)이란?

팔로우업은 한 사람을 컨택 후 사업자로 만들기까지 만나는 과정을 말합니다. 쉽게 말해 리크루팅 과정을 말합니다. 혹자는 물어봅니다. 어떻게 리크루팅 되어 사업을 하게 되었는지를... 즉 어떻게 사업을 안내받고 시작하게 되었는지를 궁금해하는 것입니다.

이렇게 사업 초기에는 컨택을 잘 하는 방법에 대해서 많이 궁금해합니다. 하지만 컨택은 일부분입니다. 중요한 것은 팔로우업 과정이며 좋은 결과를 만들기 위해서는 팔로우업을 더 잘 해야 합니다. 그래서 마지막으로 팔로우업에 대해 기본적인 주요 내용을 알려드립니다.

1) 올바른 팔로우업 방법

팔로우업을 잘하려면 다양한 정보와 지식을 갖고 있어야 합니다. 그래서 그것을 위해 교육 시스템 참석은 기본이고 그 밖에 인터넷과 신문 등을 통해 다양한 정보를 접하는 것도 좋습니다. 몇 가지 기본적인 방법을 알려 드립니다.

가. 자신만의 특화된 무기(아이템)를 가져라.

여기서 무기는 곧 전문지식입니다. 지식이 풍부한 제품의 전문가, 보상플랜의 전문가로 변신하는 것입니다. 사업, 제품, 보상에 대한 다양한 정보를 갖고 있다면 팔로우업은 쉬워집니다. 사업뿐만 아니라 다양한 일상 생활의 정보를 알고 있는 사람이 컨택한 사람과 대화를 부드럽게 이어갈 수 있습니다. 제품에 해박한 지식이 있는 사람이 제품을 잘 안내할 수 있습니다. 보상 전문가는 가망 사업자(소비자)에 맞는 맞춤 보상을 안내하여 사업의 비전을 보여줄 수 있습니다.

만약 본인이 컨택 받은 사람이라면 아마추어와 프로 중에 어떤 사람을 선택하겠습니까? 두 말할 것 없이 프로일 것입니다. 그래서 사업의 프로가 되어야 합니다. 그렇다고 모든 것에 전문가가 될 필요는 없습니다. 물론 회사, 제품, 보상 모두를 잘 아는 전문가가 된다면 금상첨화겠지만 그만큼 시간과 노력이 많이 필요합니다. 그냥 딱 한 가지 만이라도 전문가가 되는 것입니다. 일명 필살기를 딱 하나 가져보는 것입니다. 그렇다면 그 필살기를 통해 컨택하는 사람에게 신뢰를 얻게 되고 제품 유통이 쉬워지며 모두가 원하는 리크루팅 전문가가 될 것입니다. 자신만의 무기 즉 필살기가 있는 사람은 컨택에 자신이 생깁니다. 그리고 그 필살기를 통해 지속적인 팔로우업이 가능해집니다.

예를 들어 제품의 전문가가 된 당신은 컨택한 사람이 평소 모르고 있던 건강, 미용 등의 정보를 컨택자에게 알려줄 수 있습니다. 당신의 다양한 정보는 컨택자에게 유용한 정보가 될 것이며 전문가인 당신은 컨택자에게 도움을 주는 사람으로 기억될 것입니다. 신뢰가 점점 쌓여 적당한 시기에 필살기를 활용하면 컨택자는 당신의 좋은 파트너가 될 것입니다.

전문가가 되기 위해서 사업 초기부터 배우는 자세를 가지십시오. 사업설명회에서 배우고, 그룹 시스템에서 배우고, 스폰서에게 배우고, 다양한 책과 영상을 통해 배우십시오. 꾸준히 지속적으로 배우다 보면 몇 개월 안에 저절로 전문가가 될 것입니다. 무엇보다도 가장 중요한 자신에게 맞는 필살기를 찾아낼 것입니다.

행동이 잘 되지 않을 때는 스폰서가 추천하는 자리에 반드시 있어야 합니다. 그 자리에서 더 배우고 열심히 배워서 딱 하나만 전문가가 되어보는 것입니다.

나. 시간의 제약에 속지 말자.

팔로우업은 시간과 상관이 없습니다. 횟수와 관련이 있습니다. 쉽게 말해서 컨택한 대상이 사업을 하기까지 시간이 중요한 것이 아니라 만남의 횟수가 중요한 것입니다. 몇 번을 만나 어떤 정보를 주고 어디에 초대하느냐가 중요합니다. 컨택 대상이 정해지면 컨택을 하기 시작합니다. 처음 한 번은 어렵지 않게 만납니다. 지인을 만나

명함을 주며 새로운 일을 시작했음을 알리거나, 모르는 사람에게 사업정보지를 주며 회사나 제품을 알립니다. 그런데 그다음 만남부터 시작되는 팔로우업은 쉽지 않습니다. 과연 여러 번의 만남을 어떻게 해야 하는지에 대해 고민만 깊어집니다. 혹 인내를 갖고 굳은 결심으로 2~3번 정도 만남을 가졌더라도 기대한 성과가 일어나지 않으면 낙심을 합니다. 또한 슬럼프에 빠지거나 심지어 사업을 포기하기도 합니다.

이럴 경우에 시간이라는 함정을 조심해야 합니다. 팔로우업은 접촉 횟수와 정비례합니다. 1~2번의 접촉으로 성과를 기대하는 것은 팔로우업의 원리를 모르는 것입니다. 누구에게나 시간은 공평하게 주워집니다. 시간을 능력이 있는 사람이 많이 갖고 있고, 가난한 사람이 적게 갖고 있다면 얼마나 불공평한 세상일까요? 그러나 시간은 공평합니다. 누구나 일주일이란 똑같은 시간에 몇 번의 접촉을 하느냐가 원하는 결과를 만들 수 있습니다.

상대방과 얼마나 빨리 친해지고 얼마나 빨리 신뢰를 쌓느냐가 좋은 결과를 이끌어냅니다. 접촉할 때마다 좋은 자료와 사업정보도 중요하지만 자주 만나서 친해지는 것이 중요합니다. 만남의 횟수가 늘어갈수록 결과는 드러날 것이니 처음부터 평생 친구를 만든다는 생각으로 팔로우업에 꾸준히 임하십시오.

다. 목적을 설정하고 결과를 그리며 만나라.

접촉 횟수가 많을수록 친해질 확률이 커집니다. 자주 보면 가까워 지고 안 보면 멀어지는 것이 인지상정이기 때문입니다. 그런데 여기서 집중해야 할 것이 있습니다. 만나는 이유, 팔로우업의 목적이 부정확하면 시간만 허송세월 할 수 있습니다. 팔로우업을 한다며 맹목적으로 만나는 사람들, 친하다는 이유로 호칭도 생략하고 언니, 동생 하면서 수다나 떠는 사람 등등... 과연 이들은 무엇을 위해 팔로우업을 하고, 어떤 목적으로 만나는 걸까요?

만남을 가질 때마다 우리는 만남의 목적이 분명해야 합니다. 특히 팔로우업의 전체 계획을 세운 후 만나야 합니다. 그러면 계획대로 행하면서 리크루팅 성공 확률도 높아질 겁니다.

예를 들자면, 전단지 컨택, 관심자 확보, 사업과 아이템 맞춤 가이드, 세미나 초대 순으로 전체적인 컨택과 팔로우업의 계획을 세웠다고 가정해봅시다. 이 상황에서 오늘은 관심자에게 사업과 아이템을 제시하는 날입니다. 정확한 목표가 있는 것입니다. 목표가 확실하기에 집중이 가능하고 두려움을 잠재울 수 있습니다. 그리고 다음 과정도 생각하고 있기 때문에 더 큰 집중력이 생기고 사업을 즐길 수 있습니다.

라. 반복이 기적을 만든다.

일반적으로 새로운 일을 시작하는 것이 어렵다고들 합니다. 그러나 의외로 더 힘든 일은 똑같은 일을 반복하는 것입니다. 이미 한 번 경험한 일이나 행동은 상황을 판단하는 생각을 만듭니다. 어렵다, 쉽다, 재미있다, 지루하다 등등…

이런 생각은 똑같은 일을 다시 하게도 하지만, 하는 것을 계속 미루게 하기도 합니다. 그런데 같은 일은 반복하는 이유를 정확히 알고 있다면 상황은 틀려집니다.

예를 들어 하루에 10명에게 사업 정보를 알린다고 가정한다면 그 중에서 몇 명이 관심이 있고, 관심 있는 사람 중에서 몇 명이 세미나에 오는지를 알아낼 수 있습니다. 같은 일은 10번 반복했는데, 성공 확률이 나오는 것입니다.. 그 확률을 토대로 계속 반복을 한다면 원하는 결과가 빨리 나옵니다. 이렇게 반복은 확률을 높이는 좋은 행동입니다.

다양한 사람을 컨택하고 팔로우업 하지만 리크루팅 방법은 단순하고 반복적인 행동의 결과입니다. 만나서 말하고 초대합니다. 그 과정을 반복하고 또 반복하면 누구나 성공은 쉬워집니다. 반복할수록 노하우가 쌓이기 때문입니다.

한마음 씨의 실전 팔로우업

한마음 씨는 새로운 명단을 늘리기 위해 집 근처 상가를 콜드컨택하기로 했습니다. 그래서 어제 스폰서와 사업 미팅을 했습니다. 어떤 도구를 가지고 컨택하고 어떻게 팔로우업을 할 것인지 구체적으로 스폰서와 계획을 세웠습니다.

지역에 맞는 전단지를 선택하고 하루에 몇 명을 만나고 관심 있는 사람에게 몇 번을 만나서 어떤 결과를 만들 것인지에 대한 계획을 꼼꼼히 세우니 자신감이 생겼습니다. 그래서 오후에 집 근처 상가를 갔습니다.

대상을 가리지 말고 무조건 매일 10명씩 컨택하라는 스폰서의 조언에 한 손에 전단지를 꼭 쥐고 가게에 들어갔습니다. 전단지를 주면서 말을 건네면 상대방이 어떤 반응인지 살피고 밝게 웃는지, 말에 대꾸를 하는지, 긍정적인지, 호기심을 느끼는지를 파악했습니다. 이렇게 계속 방문할 사람을 찾았습니다. 10명을 컨택하니 대략 5명이 호기심을 갖고 질문을 했습니다. 첫날부터 좋은 확률을 만든 것입니다.

다음날 오후, 한마음 씨는 관심 있는 5명에게 다시 찾아가서 똑같이 물었습니다.

"어제 드렸던 자료 읽어보셨나요?"

웃으면 인사를 한 후, 이렇게 물었더니 그 5명 중에서도 반응이 나누어졌습니다. 1명은 가게에 없었고, 2명은 바쁘다며 다음에 보자고 했으며, 나머지 2명은 읽어봤다며 이런저런 질문을 했습니다. 한마음 씨는 관심 있는 2명의 질문에 정성껏 답을 했고, 그중에 1명과는 사업과 보상에 대한 이야기를 나누었습니다.

가망 사업자(소비자)를 사업설명회에 초대가 목적이므로 나가서 너무 많은 내용을 말하지 말라는 스폰서의 조언대로 자신을 통제하고 말을 아꼈습니다. 상대방이 모든 것을 다 안다고 생각하면 절대 사업설명회에 오려 하지 않기 때문에 적절한 호기심만 자극했습니다. 아는 범위 내에서 답을 하고 준비해 간 동영상도 보여주면서 마지막에 사업설명회에 초대했습니다. 그러자 상대방은

"네~ 다음에 시간이 되면 가겠습니다."

라고 말했습니다.

한마음 씨는 긍정적인 대답에 만족했습니다. 내일 또 올 거니까 언젠가는 그분이 사업설명회에 참석할 것이라는 확신이 들었습니다. 돌아오면서 마음 씨는 내일 만나서 어떤 대화를 할지도 머리로 정리를 했습니다.

3일째 되는 날, 한마음 씨는 관심을 보인 사람들을 다시 만났습니다. 어제 바쁘다며 대화를 거절한 사람들에게 사업 자료를 보여주고 세미나 초대를 했습니다. 그리고 이미 사업정보를 알리고 대화를 나눈 2명을 만나서 니즈(Needs) 파악을 했습니다. 그중에서 1명은 질문도 잘 하고 이야기가 통했습니다. 특히 친절하게 대하는 것에 마음 씨가 두려움을 내려놓을 수 있었습니다. 대화 시간은 짧았지만 마음 씨가 의도한 질문을 통해 상대방의 상황과 원하는 것을 충분히 알게 되었습니다.

경기가 안 좋아 매달 적자가 나고 있으나 긍정적인 생각의 소유자였고, 경제적 자유가 지금 가장 이루고 싶은 가장 절실한 소망이었습니다. 그래서 지금도 무언가 좋은 돌파구를 찾고 있었습니다.

소망 씨는 그런 대화 내용을 꼼꼼히 기록하여 사무실로 왔습니다. 그리고 퇴근 전에 스폰서와 만나 리크루팅 전략을 세웠습니다. 스폰서와 회의 끝에 소망 씨는 내일 그분을 만나 어떤 이야기와 어떤 결과를 만들 것인지를 머릿속에 그려보았습니다.

4일째 되는 날, 한마음 씨는 그분과 미리 약속한 시간에 다시 가게를 찾았습니다. 네 번째 만나는 사이라서 서로가 더 편해졌습니다. 그래서 아주 편한 시간이 되었습니다. 그분은 마음 씨를 만나기 전에 미리 적어 둔 궁금한 사항을 질문했고, 마음 씨는 적당히 답을 하면서 더 자세한 사항은 사업설명회와 스폰서 사장님께 같이 물어

보자며 사업설명회와 스폰서 미팅을 권했습니다. 질문할 때마다 마음 씨는 사업설명회와 세미나를 이야기하자, 그분은 조금씩 호기심이 생기기 시작했습니다.

결국 사업설명회가 어떤 것인지, 그 때 스폰서를 같이 볼 수 있는 것인지 등도 물어보기 시작했습니다. 마음 씨는 속으로 기뻐하며 어제 스폰서와 리크루팅 미팅을 한 것을 정말 잘 했다고 생각했습니다.

드디어 마음 씨는 그분과 다음 주 사업설명회를 같이 듣기로 약속했습니다. 그리고 설명회 참석 후, 스폰서와 티타임도 같이 하기로 했습니다. 이렇게 기대 이상의 결과로 하루를 멋지게 마무리하였습니다.

한마음 씨는 정말 날아갈 듯한 마음이었고 세상이 모두 내 것 같았습니다. 작지만 생각보다 빠른 성공의 맛은 마음 씨를 사업에 더욱 집중하게 만들 것입니다. 그리고 가장 좋은 점은 한 번의 성공적인 팔로우업으로 앞으로 더 많은 사람들을 리크루팅 할 자신감이 생겼다는 것이었습니다.

행동을 통해 검증된 시스템은 마음 씨의 꾸준함 더해져 큰 성공을 가져다줄 것입니다. 또한 스폰서와의 미팅은 성공시스템을 완성하는데 화룡점정이 될 것입니다.

올바른 컨택과 리크루팅

리크루팅
Q&A

컨택 시에 컨택 대상자가 물을 수 있는
질문을 담았습니다. 여러번 보고 숙지하면
좋은 결과를 만들어냅니다.

리크루팅 Q&A

Q **네트워크 마케팅은 다단계잖아요?**

네. 많은 분들이 그렇게 생각하고 있습니다. 그런데 유통 방식은 직거래 방식입니다. 일반 유통을 보면 총판, 도매, 소매로 나누어져 있어 제품이 이동 할 때마다 유통비가 추가되어 제품 금액이 비싸집니다. 이 구조가 사람들이 말하는 다단계 구조 아닐까요? 그래서 요즘은 같은 제품이라도 직거래 유통을 선호합니다. 사장님도 그러시죠? 네트워크 마케팅은 사람들이 선호하는 직거래 유통입니다.

Q **네트워크 마케팅은 먼저 한 사람만 돈을 벌수 있다고 하던데요?**

저도 그랬다면 사업을 시작하지 않았을겁니다. 제가 이 사업을 하면서 사회 모든 조직의 직급 체제가 그렇다는 것을 깨달았습니다. 사장 아래 이사, 이사 아래 부장, 부장 아래 과장, 이런 식으로 월급이 정해집니다. 그리고 사장은 반드시 1명입니다. 그러나 네트워크 마케팅은 누구나 회사가 정해진 요건을 갖추면 최고의 위치에 올라갈 수 있습니다. 수익도 무한대이며 먼저 한 사람보다는 열심히 한 사람이 성공하는 곳입니다.

ⓠ 남편(아내)이 반대할 것 같은데요.

네. 정확히 모르면 반대할 수 있습니다. 당신의 의지를 알리고 협조를 구하는 것은 어떨까요? 제 생각에는 가족이 제대로 알고 결정할 수 있도록 먼저 그에게 모든 정보를 주는 것이 좋을 것 같습니다. 이 사업이 얼마나 가치가 있고 가족의 꿈을 이루어 줄 수 있는지 직접 확인하면 좋을 것 같습니다. 가족이 함께 사업설명회를 들어보는 것은 어떨까요? 사실 부부는 상대방을 도와주고 싶어 합니다. 가족이 잘 도와줄 수 있게 그분에게 기회를 준다면 함께 행복해질 것이고 빠른 성공을 하게 될 겁니다. 저와 팀이 도와드리겠습니다.

Q 저는 주변에 아는 사람이 별로 없습니다.

저도 아는 사람이 별로 없었습니다. 그래서 아는 사람을 많이 만들 수 있는 좋은 사업입니다. 또 하나, 성공적인 비즈니스를 위해 꼭 많은 사람을 알아야 하는 것은 아닙니다. 관심이 있는 서너 명만 있어도 크게 성공할 수 있습니다. 우리는 모두 소비자입니다. 나를 포함해서 함께 소비하는 소비자 모임을 만드는 것입니다. 그리고 함께 캐시백을 얻을 수 있습니다. 한 명이 두 명이 되고, 두 명이 네 명이 되고, 네 명이 여덟 명이 되는 것이 네트워크입니다. 당신이 우리 팀과 함께 한다면 그 놀라운 효과를 직접 보실 수 있습니다. 함께 소비하며 돈을 벌 사람은 주변에 많습니다. 가까운 가족, 친구, 회사 동료, 주소록에 적힌 사람, 이웃사람 등..

함께 명단 작성을 해 보고 꿈이 있고 성실한 사람을 함께 찾아 봅시다.

Q 저는 지인들을 이용하고 싶지 않습니다.

지인들에게 추가 수입을 올릴 수 있게 도와주는 것이 이용하는 것일까요? 우리도 당신이 지인들을 이용하는 것을 바라지 않습니다. 우리는 이 사업에 관심을 보이는 사람들과 함께 하게 될 겁니다. 당신처럼 이 사업에 관심이 있을 것 같은 사람을 함께 만나보는 게 어떨까요? 단순히 좋은 제품으로 바꿔 사용할 사람과 자신의 꿈을 이루기 위해 이 사업에 관심을 가질만한 사람을 함께 찾아 봅시다. 이런 분들이 한 명이라도 있다면 당신은 더 진지하게 이 사업에 임하게 될 겁니다. 저는 당신이 이렇게 되기 위해 최선을 다해 함께 하겠습니다.

Ⓠ 저는 당신처럼 잘 할 자신이 없습니다.

저도 처음에는 당신과 같이 서툴고 어려워했습니다. 그래서 팀과 시스템에서 사업을 배웠습니다. 우리가 함께 일할 때 우리의 훈련 프로그램이 당신에게 무엇을 해야 할지 가르쳐 줄 겁니다.

배울 의지만 있다면 누구나 할 수 있는 일입니다. 배움에는 학창시절처럼 긴 시간이 필요하지 않습니다. 6개월~1년 동안 배우면서 행동한다면 훌륭한 결과를 얻을 겁니다. 저와 우리 팀이 당신과 함께 하겠습니다. 제가 당신을 컨택한 이유는 제가 잘하지 못하는 것을 당신이 아주 잘하기 때문입니다. 이 사업은 혼자 하는 일이 아닙니다. 배움에서 성공까지 팀과 함께 하면 멋진 결과를 만들 수 있습니다.

Q (네트워크 마케팅) 그게 뭡니까?

　네트워크 마케팅을 들어본 적 있습니까? 신유통입니다. 지금까지 유통은 생산자와 소비자를 사이에 유통비용이 많이 들고 소비자가 비싸게 제품을 사용하였습니다. 이런 유통방식을 벗어나 생산자와 소비자가 질 좋은 제품을 직거래하는 방법입니다. 저는 이 제품을 합리적인 가격에 사용해보고 좋아서 여러 사람에게 알려 함께 사용하면서 함께 현금 캐시백을 받고 있습니다. 당신도 저와 같이 소비하면서 돈을 벌 수 있습니다. 제가 드리는 자료를 검토해 보십시오. 아마 쉽게 이해하실 겁니다.

Q 좀 더 자세히 얘기해 주세요.

　제가 이해를 돕기 위해 이 자료(책, 동영상 등)를 보여드리겠습니다. 짧은 시간에 다 이해를 하실 수 없다면 어렵게 전문가 한 분을 모셔서 이번 주 ㅇ요일에 저희 집(센터)에서 세부사항에 대해 자세히 검토하는 시간을 가져보면 어떨까요?. 함께 들어보시면 '아! 이런 거였어!' 하실 겁니다.

Q 제가 보기에는 피라미드 같은데요.

피라미드 방식은 먼저 시작한 사람이 유리하고 그 사람들이 돈을 더 많이 버는 것입니다. 만약 피라미드였다면 저는 절대 이 사업을 하지 않았을 겁니다. 저는 이 사업을 하기 전에 직장에서 ○년을 근무했습니다. 이 사업을 하면서 제가 직장에 다니면서 피라미드 구조에 있었다는 것을 알게 되었습니다. 사장은 반드시 한 명이고 그 밑에 이사, 부장, 과장이 있습니다. 사장 밑에 있는 사람들은 많은 일을 하면서 절대 사장보다 더 많이 돈을 벌 수 없는 구조였습니다. 합법적인 피라미드 구조인 것입니다.

제가 말씀드리는 사업은 네트워크 마케팅입니다. 네트워크 마케팅은 누구나 사장이 될 수 있습니다. 그리고 회사가 원하는 조건을 충족하면 모두가 성공할 수 있습니다. 자신의 환경이나 조건은 상관없습니다. 시간을 투자하고 집중한다면 누구나 인생을 바꿀 수 있는 합법적인 유통사업입니다.

Q 저는 매우 바빠서 다른 일을 할 시간이 없습니다.

바쁘기 때문에 바쁘지 않기 위해 이 일을 알아봐야 합니다. 저도 바쁘지 않고 시간적 자유를 갖고 싶어 이 일을 하고 있습니다. 당신이 이 일을 제대로 알아본다면 그 가치를 이해하게 될 겁니다. 세상은 열심히 일해서 돈을 버는 사람과 영리하게 일해서 시간을 버는 사람이 있습니다. 당신은 어떤가요? 저는 영리하게 일해서 시간을 버는 방법을 알려 드리려고 합니다. 부자들은 다른 사람들의 시간을 돈과 바꿉니다. 우리도 영리한 부자가 될 수 있습니다. 제 생각에는 당신의 시간과 제 경험을 합하면 우리가 함께 돈도 벌고 이루고 싶은 꿈을 이룰 수 있을 겁니다. 시간을 벌기 위해 시간을 내어 보십시오. 저와 함께 그 방법을 알려주는 설명회에 참석해 보시면 다른 세상을 경험하실 겁니다.

Q 시장이 이미 포화상태 아닌가요?

포화상태가 바로 우리의 목표입니다. 세상에는 많은 사람들이 기독교를 믿고 있습니다. 그 기독교도 포화상태를 만들지 못 했습니다. 사람은 계속 태어나기 때문입니다. 인구의 1퍼센트도 되지 않는 사람들이 우리 비즈니스에 참여하고 있습니다. 시장이 포화되기는 커녕 출생률도 따라잡지 못하고 있습니다. 아직 우리에게는 기회가 많습니다.

Q 이런 비즈니스는 약국이나 피부샵에서 해야

하는 거 아닌가요?

당신이 하는 일과 상관이 없을 것 같습니까? 자신이 무엇을 하든 누구나 부자가 되고 싶어 합니다. 성공하고 싶어 합니다. 제가 당신을 컨택한 이유는 당신도 부자가 되고 싶어 할 것 같아서입니다. 네트워크 마케팅은 누구나 할 수 있는 일입니다. 소비를 하면서 돈을 버는 사업입니다. 자세히 알아보십시오. 여유로운 시간과 무한대의 수입을 동시에 가질 수 있는 기회가 이 사업에 있습니다. 반드시 시간을 내셔서 저와 함께 사업설명회를 들어 보시길 권합니다. 장담할 수는 없지만 당신도 멋진 사업의 기회를 갖게 될 겁니다.

Q 제가 이 사업에서 성공할 확률은 얼마나 됩니까?

당신이 이 사업을 하지 않고 성공할 확률은 높은가요? 이 사업에서 성공할 가능성은 모든 사람이 같습니다. 왜냐면 돈 많고, 능력 있는 사람만이 성공하는 일이 아니기 때문입니다. 네트워크 마케팅은 누구에게나 똑같은 기준을 제시합니다. 단, 제가 당신에게 제시해 줄 수 있는 것은 입증된 팀과 시스템입니다. 당신이 저희 팀과 함께 시스템에 합류한다면 당신이 원하는 성공 확률은 높아지고 빨라질 겁니다. 세상에 냉면집이 얼마나 많습니까? 그 많은 냉면집 중에서 성공한 가게는 얼마나 될까요? 아마 5% 미만일 겁니다. 네트워크 마케팅에서 성공 확률은 그것보다 훨씬 높습니다. 시간을 내어 시스템에 함께 합류하시고 집중하여 배웁시다. 당신은 성실하고 장점이 많기 때문에 6개월에서 1년 안에는 안정적인 수익을 낼 수 있습니다. 큰 투자 없이 투잡으로도 가능한 일입니다.

Q 저는 관심이 없습니다.

솔직하게 말씀해 주셔서 감사합니다. 소비하면서 돈을 버는 일에 관심이 없습니까? 어떤 부분이 마음에 들지 않습니까? 그 이유를 말씀해 주시면 다음 방문 때 궁금한 부분을 알려드리겠습니다.

Q 당신은 얼마나 법니까?

알게 되시면 깜짝 놀라실 겁니다. 제가 버는 돈은 정확히 제가 행동하는 만큼 벌고 있습니다. 네트워크 마케팅은 일반인들이 상상할 수 없을 정도로 수입이 무한대입니다. 저는 사업을 한지 얼마 되지 않았기 때문에 큰 수입을 벌고 있지 않지만 사업을 도와주시는 스폰서 사장님은 이미 성공하신 분입니다. 저는 그분의 노하우를 배우고 있습니다.

당신은 얼마나 벌고 싶습니까? 당신이 벌고 싶은 금액에 맞춰 사업 방법을 제시해 드리겠습니다. 만약 큰 돈을 벌고 싶다면 저와 함께 성공한 분을 만나보시면 명쾌한 답을 얻을 수 있을 겁니다.

ⓠ 당장 할 형편이 안 됩니다.

형편이 되지 않으면 충분히 검토하시고 트레이닝을 시작하면 됩니다. 학생 때 취업을 하려고 공부하는 것처럼 이 사업도 배움의 시간을 가져야 합니다. 시간을 내어 열심히 배우는 과정에 당신은 사업의 무한한 가치를 볼 수 있습니다. 옛말에 뜻이 있으면 길이 있다고 했습니다. 사업을 해야 할 충분한 이유를 갖게 되면 제가 말려도 당신은 하게 될 겁니다. 열심히 배우면서 이 사업에 관심이 있을 것 같은 사람을 우리에게 소개해 주십시오. 그들도 우리와 함께 한다면 공부와 사업을 동시에 진행하게 될 겁니다.

Q 오래전에 이런 비즈니스를 해봤습니다.

어떤 차이가 있나요?

아 그러시군요. 그때는 어떤 회사의 비즈니스를 해 보셨나요? 무슨 이유로 지금은 안 하고 있는지요? 그때는 그랬다고 저도 스폰서 사장님께 들었습니다. 지금은 네트워크 마케팅 환경이 많이 좋아졌습니다. 성공자도 많이 나오고 있습니다. 그때와는 완전히 달라졌습니다. 초기와 다르게 지금은 팀워크와 시스템이 아주 잘 되어 있습니다. 저는 스폰서쉽과 트레이닝 시스템이 잘 되어 있는 그룹과 함께 하고 있습니다. 꼭 한번! 당신에게 저희 회사와 팀을 보여주고 싶습니다.

저는 제 친구와 함께 네트워크 마케팅 사업을

해 볼까 합니다.

네, 그러시군요. 그렇게 결정하시게 된 동기는 무엇인가요? 당신은 네트워크 마케팅 사업을 함으로써 성취하고자 하는 것은 무엇입니까? 두 회사를 비교하는 데 도움이 되도록 분석한 정보를 드리겠습니다. 그러면 당신은 그 정보를 바탕으로 당신의 미래를 결정할 수 있을 겁니다.

친구분과 함께 할 회사의 사업설명회를 들어 보셨나요? 제가 추천하는 회사의 사업 설명회에 참석하셔서 장.단점을 비교해 보시면 더 현명한 선택을 할 수 있습니다. 그냥 단순히 제품을 사용하는 소비자라면 상관이 없지만 평생 할 사업이라면 꼼꼼한 검토가 필요합니다.

ⓠ 물건을 팔아야 합니까?

파는 것을 잘 하시나요? 저는 파는 것을 잘 못 합니다. 저도 파는 일이었으면 절대 하지 않았을 겁니다. 파는 것은 마진을 남기는 것입니다. 방판업체들은 주로 마진을 남기는 일입니다. 제가 소개해 드리는 네트워크 마케팅은 판매가 아닌 공동구매로 현금 캐시백을 받는 일입니다. 좋은 제품을 사용해 보고 제품력을 입소문 내서 주변 사람들과 함께 사용하면 회사는 그 대가로 매출의 일정 부분을 현금으로 캐시백 해 줍니다. 세일즈는 판매로 돈을 벌지만 네트워크 마케팅은 소비로 돈을 법니다. 요즘 뜨고 있는 신유통 방법입니다.

일반 기업에서는 자사의 제품을 소비자가 먼저 사용해 보고 좋은 점과 개선할 점을 알려주고 제품이나 상품권으로 대가를 받습니다. 이와 같은 개념으로 네트워크 마케팅 회사는 소비자에게 좋은 제품을 권하고 입소문을 내어 함께 사용하는 소비자가 많을수록 입소문을 낸 소비자에게 현금으로 대가를 줍니다. 회사와 소비자가 윈윈하는 유통방식입니다.

Q 사람들에게 다가가 뭔가 아쉬운 소리를 하는 게 싫습니다.

판매를 하려면 아쉬운 소리를 하는 겁니다. 그러나 자신이 사용해 보고 좋은 제품을 추천해 주는 것도 아쉬운 소리를 해야 할까요? 제품을 사용해서 좋아진 것이 있다면 오히려 상대방이 아쉬운 소리를 하게 될겁니다. 그 사람도 당신처럼 좋아지고 싶다고 알려 달라고 부탁하게 될 겁니다. 물론 네트워크 마케팅을 평생 사업으로 할 거라면 좀 더 적극적인 입소문을 낼 필요는 있습니다. 저도 당신이 이 사업을 어설프게 알면서 상대방에게 아쉬운 소리를 하길 원치 않습니다. 그래서 사용하는 제품을 브랜드 체인지 해 보고 빨리 좋아져서 입소문을 내십시오. 먼저 본인이 바꿔쓰게 되면 그때 좋은 제품을 추천해 드리겠습니다. 잘 사용하십시오. 저는 그에 대한 자료를 드리고 잘 사용할 수 있게 도와 드릴겁니다. 제품을 사용하면서 당신은 입소문을 잘 내는 방법과 빠른 수익을 낼 수 있는 방법을 저희 팀이 준비한 시스템에서 배우시면 됩니다. 이제부터 저와 시스템이 당신을 도와드리겠습니다.

Q 매달 사야 하는 제품(금액)이 있다던데요.

매달 수익이 발생하기를 원하십니까? 매달 필요 없는 제품을 사야 하는 일은 없으며 생겨서도 절대 안됩니다. 저도 그런 일은 원치 않습니다. 평소에 사용하는 제품을 브랜드 체인지 하시고 함께 사용하는 사람들이 있다면 플랜에 따라 수익을 받게 됩니다. 자사의 제품에 대해 공부해 보면 돈의 가치를 극대화하는 제품임을 알게 될 겁니다. 그리고 구매 습관이 바뀔 겁니다. 이런 제품에 초점을 맞춘다면 합리적으로 소비하고 소개하면서 보람을 느낄 겁니다.

Ⓠ 나는 말주변이 없어서 이런 일은 못 합니다.

당신이 생각하기에 네트워크 마케팅 사업이 말주변으로 하는 사업으로 생각되십니까? 저도 말주변이 별로 없었습니다. 그래서 사업 초기에 회사의 제품과 사업 방법을 배웠습니다. 지금은 잘 이해하고 있고요. 만약에 지금 당신이 하고 있는 일을 소개하라고 한다면 분명히 저보다 훨씬 조리 있게 설명을 잘 하게 될 겁니다. 당신은 그 방면에 전문가이니까요. 만약 당신도 저처럼 제품과 사업 방법에 대해서 배우게 된다면 주변 사람들은 분명히 당신을 말주변이 좋다고 말하게 될 겁니다. 당신은 저와 시스템을 믿고 함께 하시면 모든 일이 잘 될 겁니다.

❓ 네트워크 사업은 너무 어렵습니다.

처음 시작할 때는 이 사업이 어려울지도 모릅니다. 그러나 잘 배우고 경험이 쌓이면 이보다도 쉬운 사업은 없을 겁니다. 실질적으로 1~2년 집중하면 확실한 기반이 잡힐 것이고 그 보람은 평생을 갈 겁니다. 또 하나 물어 보겠습니다.

일을 혼자 하는 것이 쉬울까요? 아니면 팀으로 하는 것이 쉬울까요? 네트워크 사업은 팀워크를 살려 여러 사람이 함께 하는 사업입니다. 사업을 안내해 주는 스폰서분들이 많고 함께 하는 파트너들도 많아집니다. 이 모두가 성공이란 목표를 향해 함께 합니다. 일반적으로 사돈이 땅을 사면 배 아파 하지만, 네트워크 마케팅은 당신이 성공하면 모두가 성공할 수 있는 사업입니다. 직접 확인하실 수 있습니다. 저희 팀을 만나 함께 플랜을 공유합시다.

나는 현재 나의 수입에 만족하고 있습니다.

당신은 경제적으로 많은 수입을 얻고 있군요. 만족하고 있다니 저도 감사합니다. 네트워크 사업을 시작하는 많은 사람들은 돈을 벌기 위해 시작합니다. 그런데 생각보다 적은 숫자가 돈을 벌고 있습니다. 돈을 쫓으면 돈을 벌 수 없다는 말이 맞나 봅니다.

네트워크 사업에서는 돈을 버는 것보다도 의미 있는 일들이 많습니다. 개인적 발전, 시간적 여유, 새로운 사람을 만나고, 다른 사람을 성공시키는 일 등입니다. 사업 과정이 이런 일의 연속입니다. 그래서 돈은 자연스럽게 벌게 됩니다. 그것도 유지, 증가되는 수입을...

지금 당신이 현재 수입에 만족하고 계신다면 경제적 자유를 누리고 있으니 더 많은 보람된 일 들을 위해 네트워크 사업을 함께 알아보시면 어떨까요? 아마 남은 인생을 더 알차고 행복하게 살 수 있습니다. 당신의 경제적 성공을 넘어 다른 사람들의 인생 성공을 함께 도와줍시다.

❶ 나는 자신이 없다.

왜 자신이 없다고 생각하십니까? 지금까지는 당신 혼자 인생을 살아왔지만 지금부터는 당신의 성공을 후원하는 제가 있고 함께 하는 우리 팀이 있습니다. 우리가 만든 시스템을 함께 한다면 빠르게 자신감을 갖게 될 겁니다. 당신은 먼저 제품을 사용하십시오. 그게 출발입니다. 그다음은 저와 시스템에 함께 참석해서 배우면 됩니다. 그때 그때 궁금한 것이 있으면 바로바로 해결할 수 있습니다. 혹시 이전까지 성공보다 실패의 경험이 많다면 이제부터는 역전이 될 겁니다. 그게 팀워크와 시스템의 힘이니까요.

Q 네트워크 회사는 왜 광고를 하지 않습니까?

네트워크 회사는 상품의 품질을 중요시합니다. 그리고 제품 가격이 합리적입니다. 여러 단계의 유통을 없애고 생산자와 소비자가 직거래를 하고 있습니다. 이런 특징을 갖고 있기 때문에 입소문만으로도 큰 매출이 일어납니다. 일반 유통회사에서는 좋은 제품력으로 광고를 많이 하는 회사도 있습니다. 그러나 가격이 비쌉니다.

과연 많은 유통비와 광고비가 좋은 제품을 만드는데 얼마나 기여를 했을까요? 그리고 소비자는 얼마나 좋은 제품을 사용할 수 있을까요?

네트워크 마케팅은 생산자가 질 좋은 제품을 만들어 판매를 늘리고, 소비자가 질 좋은 제품을 더 싼 가격으로 사용할 수 있게 해 줍니다. 시대적 유통 흐름을 철저하게 따르고 있는 신유통이 바로네트워크 마케팅입니다.

올바른 컨택과 **리크루팅**

출판 등록 번호 | 제2015-000155호

펴낸곳 | 도서출판 라인
지은이 | 도서출판 라인 기획팀

발행인 | 정 유 식
기 획 | 정 유 식
디자인 | 안 지 영

잘못된 책은 바꿔드립니다.
가격은 표지 뒷면에 있습니다

ISBN 979-11-955708-7-4

주소 | 서울시 강남구 대치4동 889-5 샹제리제빌딩
전화 | 02-558-1480
팩스 | 02-558-1440
메일 | spm7410@naver.com